JN112239

ラグジュアリー産業

急成長の秘密

ピエール゠イヴ・ドンゼ
Pierre-Yves Donzé

有斐閣

まえがき

　高級品は常に消費者を魅了してきた。とりわけ1980年代～1990年代以降には，グローバルなラグジュアリー産業が台頭し，ファッション雑誌やハリウッド映画，空港の専門店や街の中心部など，高級品はどこにでも存在するようになった。ラグジュアリー商品は，グローバル化した物質文化を体現するものとなったのである。

　クリスチャン・ディオールのドレス，ルイ・ヴィトンのバッグ，オメガの時計，……それぞれの商品の魅力もさることながら，それ以上にラグジュアリー産業が興味深いのは，ヨーロッパの企業，とくにフランス企業が，世界市場で揺るぎない支配力を発揮しているという点である。もちろん，自動車，バイオテクノロジー，金融，小売など，ヨーロッパ企業が競争力を持つ産業はほかにもある。しかし，それらにおいてはアメリカ企業やアジア企業との競合があり，ヨーロッパ企業が産業を支配しているわけではない。

　ラグジュアリー産業に関して特筆すべきは，販売店網が地球全体に広がっているにもかかわらず，ヨーロッパ的な性格を保ち続けていることである。ヨーロッパのラグジュアリー企業の競争優位とは何なのだろうか。なぜ，どのように，世界市場を支配しているのだろうか。

　これらの疑問は，私が数年にわたって行ってきた研究の核心をなす。はじめは，1980年代から1990年代にかけて，スイスの時計メーカーがどのようにして日本の競合他社に対抗し，世界のリーダーとしての地位を回復したのかに関心を抱

いたのがきっかけだった。それは非常に興味深く，結果的に，技術革新を基盤としていた製造業が，グローバル・ブランドの活用を基盤とするラグジュアリー産業へと変化したという分析にまとまった（*Histoire du Swatch Group*, Neuchâtel: Alphil, 2012 年ほか，巻末の参考文献を参照）。

その後，多くの同僚や友人の協力もあって，流通や百貨店，市場のグローバル化，ファッション産業の変革，都市や不動産開発の役割など，ラグジュアリー産業に関連するさまざまなテーマに関心を広げ，考察を深めることができた。犬飼知徳氏（中央大学），勝又壮太郎氏（大阪大学），中川功一氏（やさしいビジネススクール），延岡健太郎氏（大阪大学），藤岡里圭氏（関西大学），Véronique Pouillard 氏（オスロ大学），Joanne Roberts 氏（サウサンプトン大学），Thierry Theurillat 氏（スクール・オブ・マネジメント HEG，ヌーシャテル），Ben Wubs 氏（エラスムス・ロッテルダム大学）に心より謝意を表したい。みなさんとの研究はとても喜ばしい体験で，これからも続けていきたいと思っている。また，数年前より大阪大学大学院で講義してきた，クリエイティブ産業（デザイン，ラグジュアリー，ファッション）をテーマにしたグローバル経営史の受講生にも，心から感謝したい。多様な文化的背景を持つ学生たちとの交流や議論によって，現代ラグジュアリー産業をめぐる私の考察は大いに刺激を受けた。

この本は，Éditions Alphil（アルフィル出版社，スイス・ヌーシャテル）の社長で，10 年以上にわたってフランス語圏での私の出版者を務めてくれている友人の Alain Cortat に負うところが非常に大きい。本当にありがとう。本書は，2021 年

に同社から *Vendre l'Europe au monde: L'industrie globale du luxe des années 1980 à nos jours* というタイトルで出版されたフランス語書籍の日本語版である。ヨーロッパのラグジュアリー・ブランドに対する日本の読者の関心は高く，本書を通じてこうした企業の競争力の源泉について理解を深めてもらえればと思い，日本語版を準備した。本文は，日本の読者向けに修正・翻案されている。この原稿をよりよいものにするために，有斐閣編集部の柴田守・得地道代のお二人にはたいへんお世話になった。厚く御礼申し上げる。最後に，寛子と娘の冬桜・なつに，心より深く感謝する。彼女たちは私と人生を共有し，私が多くのプロジェクトを遂行するために必要な愛情とエネルギーを毎日与えてくれている。

　本書は，きわめて例外的な年に執筆されることとなった。新型コロナウイルス感染症（COVID-19）の影響で，会議や海外出張のキャンセル，外出制限，在宅勤務などを余儀なくされたが，却って作業に集中することができた。一方，ラグジュアリー産業は当初，他の多くの産業と同様に大きな打撃を受け，しかしその後は驚異的な回復局面を迎えている。ただ，今回の危機をめぐって的確な分析を行うには確定的なデータが不足しているため，本書ではこの影響には触れていない。読者は以降の各章で，COVID-19 危機の前夜における世界のラグジュアリー産業について知ることができるだろう。本書が，過去 40 年間にこの産業が経験したダイナミクスを，より深く理解するための一助となれば幸いである。

　2022 年 9 月，大阪にて

ピエール゠イヴ・ドンゼ

目　　次

目
次

V

序章

現代ラグジュアリー産業の出現

2000年に出版された，LVMH（モエ・ヘネシー・ルイ・ヴィトン）グループの会長兼CEOベルナール・アルノーのインタビュー集の中で，著者のイヴ・メサロビッチは，アルノーのことを「世界に新しい産業，すなわちラグジュアリー産業を発明した人物である」と述べている。そして，こう付け加えている。

　　　　それまで，［ラグジュアリー産業には］中規模の手工業企業しか存在しなかった。彼はその分野において，真のクリエイターであり，彼のおかげでラグジュアリーは世界的な産業となったのである[1]。

　同書は，世界で最も裕福な経営者である1人の男性の才能を紹介することを主な目的としているため，非常に崇拝的な内容となっているのは確かである。それはともかく，そこでは早々に，現代のラグジュアリーの本質的な，そしておそらく最も重要な特徴が指摘されている。すなわちそれは，新しい産業だということである。

　この産業のビジネスが古いブランドの活用の上に成り立っているという事実は，それが世紀を超えて生き残り，ブランドやノウハウが継承され続けている点で特別だと思わせがちである。現に，歴史学者や経営学者がこれらの企業に言及するときには，ラグジュアリーの歴史的な連続性が主張され，

LVMHの大株主で会長のベルナール・アルノー
出典：AFP＝時事。

そのことは多くのブランドにラグジュアリーを体現する正当性を与えている。

　しかし歴史家の仕事は，職人のノウハウや卓越した技術の継承といった現象の永続性を語ることだけではない。歴史の知見は，ヴェルナー・ゾンバルトやヨーゼフ・シュンペーターが愛した創造的破壊の重要性をも教えてくれる。1987年にLVMHが誕生したことは，確かにこの種のターニング・ポイントの1つとなり，現在では金融資本主義に支配される高級品業界の大変革の基礎を築いた。さまざまな高級品分野において小規模なファミリー・ビジネスを買収し，コングロマリットへと統合し，グローバル・ブランドへ転換させる。こうした取り組みが，1980年代から1990年代にかけて，こ

2　ALLÉRÈS (1992)；BERGERON (1998)；MARSEILLE (1999)；CASTARÈDE (2006)。

3　SOMBART (1913)；SCHUMPETER (1942)。

の業界を大きく変貌させたのである。

1 　ラグジュアリー産業の特殊性

　それにしても，この産業は，正確に境界を定義するのが難しい。製品（自動車，飲料，電気機器など）や，サービス（金融，コンサルティングなど），製造プロセス（化学薬品）によって定義される他の産業とは異なり，ラグジュアリー産業は市場セグメントが最高位にあることによって定義される。したがって，ほとんどすべての産業に，ラグジュアリーな製品やサービスが存在する。

　さらに，富裕なエリート層を対象とした高級品と大衆消費財とが真っ向から対立しているわけではないということが，この問題を複雑にしている。アクセシブル・ラグジュアリーやプレミアム・ブランドといった中間的なカテゴリーがあり，エクスクルーシブ・ラグジュアリー（排他的な超高級品）と大衆商品との間では，市場セグメンテーションに連続性が確保されている。しかも，ラグジュアリーには個人的・主観的な側面が強くある。すなわち，何を「ラグジュアリー」であると感じるかは，経済発展のレベル，文化，個人の認識によって異なりうる。

　こうしたもとで，ラグジュアリーをどう定義すべきだろうか。この複雑かつ本質的な問題には，いまだコンセンサスが得られていない。とはいえ，本書が採用する経営史の観点からは，企業に自らを高級品の製造者と位置づけようとする意

思があるかが重要，ということになる。

　ラグジュアリー・マネジメントに精通するジャン゠ノエル・カプフェレとヴァンサン・バスティアンによると，ラグジュアリー・ブランドのマーケティング戦略は，他の商品とは根本的に異なる原則に基づく必要があるという。その原則とは，製品開発において顧客の要望を考慮しないこと，生産活動において生産コストを考慮しないこと，生産拠点を海外に移さないこと，顧客を支配する必要性，売上を上げるために価格を引き上げること，広告は売るためではなくメッセージを伝えるために行うことなどである[5]。こうした特異なマーケティング戦略によって，ブランドの付加価値を増加させる。これは確かに，ラグジュアリー戦略の定義として純化されたものといえる。この重要性を理解しつつも，それを忠実に実行できている企業はほとんどない。したがって，これを基準に，本書で分析の対象とするラグジュアリー企業を特定することができよう。

　実際，前出のアルノーもラグジュアリー経営の哲学を明確に打ち出しているが，その内容は上で述べたことに近い。LVMH の目的は，「グループの創造者のアイデアから経済的現実を創造すること」であるとされる[6]。そしてグループの売上高は，1987 年の創業時に 20 億ユーロだったものが同年中に 126 億ユーロへと急成長を遂げ，アルノーも 1990 年代半

|||||||||||||||||||||||||||||||||||||||||||

4　DONZÉ（2022）。

5　KAPFERER and BASTIEN（2009）。

6　KAPFERER and BASTIEN（2009）p. 67.

ばには世界有数の大富豪の仲間入りを果たした。[7]メサロビッチの著作が出版された 2000 年当時，122 億ドルの資産を持つと推定されるアルノーは，アメリカ『フォーブス』誌における世界の富豪ランキングで 21 位にランクされていた。その後も彼の資産は拡大を続け，アルノーは世界の億万長者トップ 3 の常連となった。正確な順位は株式市場の変動によって変わるが，2021 年 5 月にはアマゾンの共同創設者ジェフ・ベゾスを抑え，初めて世界で最も裕福な男性になっている。[8]同氏が手にした価値は，1997 年の 31 億ドルから 2019 年には 820 億ドルにまで膨れ上がったのである。このようにラグジュアリー産業は，新しいだけでなく，並外れた成長をも特徴としている。

　コンサルティング会社ベイン・アンド・カンパニーの推計によると，高級消費財市場（ファッション，化粧品，時計・宝飾品，革製品，アクセサリー）は 20 年以上にわたって，ほぼ連続的に拡大している（図0.1）。世界市場の規模は，1996 年の 760 億ユーロから 2019 年には 2810 億ユーロにまで拡大した。2000 年代前半には減速し，世界金融危機の際にはマイナス成長を記録したものの，成長率も全般的に上昇傾向にある。こうした高級品需要の急増は，多くの企業に成長の機会を提供してきた。また，新しい組織（コングロマリット，上場企業）や，新

7　areppim ウェブサイト（https://stats.areppim.com/stats/links_billionairexlists.htm，2020 年 10 月 23 日アクセス）。

8　フォーブス（フランス）ウェブサイト（https://www.forbes.fr/classements/fortunes/bernard-arnault-est-desormais-lhomme-le-plus-riche-du-monde/，2021 年 5 月 31 日アクセス）。

しいマーケティング戦略（モノ・ブランド・ストアでの販売，グローバル・ブランドの構築）の登場を促し，業界に変革をもたらすことにもなった。

　しかし，2010年代に入り，拡大幅は小さくなっている。以上のことから，世界経済の成長と比較したとき，高級消費財市場の拡大には大きく2つのフェーズがあったといえよう。すなわち，1994年から2007年にかけての急速な拡大期（世界のGDPに占める割合が0.31％から0.38％に上昇）と，世界金融危機後の相対的な停滞期（2010〜2019年，世界のGDPに占める割合の平均が0.36％）である。ベイン・アンド・カンパニーの推定値では1993年以前にさかのぼることができないながらも，

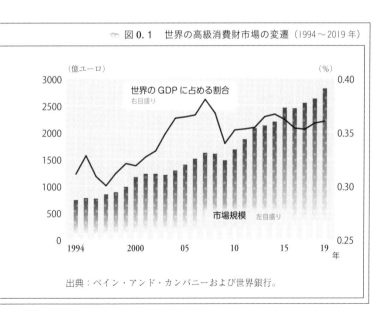

◇ 図0.1　世界の高級消費財市場の変遷（1994〜2019年）

出典：ベイン・アンド・カンパニーおよび世界銀行。

その推移から，ベルナール・アルノーをはじめとする企業家たち（リシュモンのアントン・ルパート，ケリングのフランソワ・ピノー，スウォッチ グループのニコラス・G. ハイエックなど）が生み出した新産業は，その基礎が築かれて約20年間，連続的に成長を遂げたのである。そして，組織的な革新を経て，ラグジュアリー産業は現在の姿に至ることになった。2010年以降は，より成熟した産業となる。一部，支配的な大規模企業を基盤とし，その成長も世界経済に依存している。

　なお，この産業には大きな特徴がもう1つある。それは，ヨーロッパのブランドや企業が支配的な地位を占めていることである。市場はグローバル化しているが，そのほとんどがフランス，イタリア，イギリス，スイスの企業によって支配されている。コンサルティング会社インターブランドが発表した，2020年におけるグローバル・ブランドの財務評価額ランキングには，11の高級ブランドが含まれていた。ルイ・ヴィトン（17位），シャネル（21位），エルメス（28位），グッチ（32位），ロレアル（43位），カルティエ（73位），ディオール（83位），ヘネシー（91位），ティファニー（94位），バーバリー（97位），プラダ（99位）で，このうちティファニー以外はすべてヨーロッパの企業である。[9] 高級品は，21世紀にあってもヨーロッパが競争優位を維持・強化できている数少ない産業の1つでさえある。[10] 情報通信技術など他の新産業がアメ

,,,

9　INTERBRAND（2020）。

10　BOUWENS, DONZÉ and KUROSAWA（2017）。

リカや中国の大企業に支配され，旧産業（自動車，化学，機械，金属など）が世界のさまざまな地域間で激しい競争を繰り広げている中で，高級品は，深みのあるヨーロッパのビジネスであるという独自性を有している。そこでは，文化的資源を利用し，それをますます強化することで，製品に感情的な価値を付加し，全世界での販売を成功に導いているのだ。

2 なぜ日本には，グローバルな ラグジュアリー・ブランドがないのか

　ところで，世界のラグジュアリー産業において，日本企業はほとんど存在感がない。日本は古くから，陶磁器・ガラス工芸・服飾・茶などの分野で高品質な製品をつくり出す，職人技の伝統があることで有名である。にもかかわらず，日本のラグジュアリー企業が国際的に事業を展開したり，グローバル企業として確立するのが困難になっているのには，文化の特殊性とブランド・マネジメントという2つの理由がある。

　消費財には文化的なアイデンティティがあり，それが海外市場進出のチャンスに大きく影響する。日本の高級品の中には，日本文化に関心のある富裕層というニッチ市場を超えては海外に輸出・販売することが困難な，特殊な文化環境で開発されたものがある。グローバルな文化の表象として世界中の顧客に採用されることで利益を得ているヨーロッパのラグジュアリー商品とは異なり，日本の伝統的な高級品は民族的なものと考えられているのである。

　着物はその典型である。[11] 着物は19世紀後半にはすでに欧

米の富裕層の関心を集めていたが，それらはジャポニスムの文脈で，文化的にエキゾチックな商品として消費された。その後も20世紀を通じてフランスのファッション・デザイナーの作品に影響を与えたものの，西洋で着物の需要が喚起されることはなかった[12]。したがって，同時期に生じた国内消費の縮小を，海外需要が補うということにもならなかった。橋野知子は，日本で最も有名な高級着物の産地である西陣の生産者が，1990年以降，着物の売上を激減させた現象を分析している[13]。着物という特殊な衣服は，それを育んだ土地に文化が限定されているため，国内消費が減少しても，海外市場へとシフトするのが困難であることが明らかにされている。

　同様に，高級ファッションにおいても，1970年代から1980年代にかけてパリで有名になった日本人デザイナーの多くは，フランスのオートクチュールから認められるために，「日本的」なものをつくらなければならなかった。高田賢三，三宅一生，森英恵などは，パリのファッション・ショーに参加した最初の日本人である。彼らは，伝統的な着物から着想を得た生地・色・形を用いて，日本人であることを強調した。たとえば，1970年にパリにブティックをオープンしたケンゾーは，「ジャングル・ジャップ」と名づけたファースト・コレクションを発表し，名声を博している。

　ところが，このように民族的な立場を強調したことで，日

11　CLIFFE（2017）：島田（2020）。
12　JACKSON（2020）。
13　HASHINO（2018）。

本人デザイナーの存在は，高級ファッション市場における特定のセグメントに限定される結果となった[14]。彼らのクチュール・メゾンは，国際的な大企業にはなれなかったのである。ケンゾーも，1993年，LVMHに買収された。日本の大手アパレル・グループが，国内の独立デザイナーと協力して海外進出を果たすこともなかった[15]。

　ただし，世界のラグジュアリー市場において日本企業の存在感が希薄なのは，文化の違いだけが理由ではない。技術革新を重視し，製品の物質的特異性に基づいたマーケティングを展開することが，世界的なラグジュアリー・ブランドの構築を難しくしているのである。それは，以下のミキモトやセイコーの例にも見て取ることができる。

　ミキモトは，真珠製造のリーディング・カンパニーであり，多角的に宝飾品にも取り組んでいる[16]。同社のルーツは1893年，御木本幸吉が真珠の養殖方法を発明したことに始まる。御木本は高品質の真珠の生産に注力し，日本の国内市場や欧米の富裕層市場で大きな成長を遂げた。

　特徴的な変化は，1970年代初頭に起こった。市場変化に合わせて，マス・マーケットへと移行したのである。1970年ミキモトは，ノー・ブランドの真珠と，ジュエリーのセカンド・ラインを立ち上げ，1980年代には生産量を拡大する

　14　KAWAMURA（2004）。

　15　DONZÉ and FUJIOKA（2021）。

　16　ミキモト（1994）；三宅（1998）。

ために生産体制を再編成した。この時期，ミキモトの真珠の
ネックレスは，日本において結婚式の必需品となった。1972
年には結婚式場との提携を開始，1980年代はこの市場に注
力する。また，1979年には化粧品や香水，1980年代には時
計や筆記用具を発売し，アクセサリーへの多角化も図ってい
る。こうしたマス・マーケットに支えられる形で，同社の売
上高は1980年から1990年にかけて倍増し，急成長を遂げた
のである。

　そうした一方で，1975年にはニューヨークの五番街に店
舗をオープンし，海外進出を開始した。[17]その後，フランス
(1986年)，イギリス (1989年) にも進出，店舗は，パリのヴァ
ンドーム広場 (ここにおいてミキモトは唯一の非西洋ブランドであ
る)，ロンドンのハロッズなど，ラグジュアリーを体現する
場所に置かれた。さらに韓国 (1989年)，1990年代からはア
ジアにも，子会社を設立した。韓国に進出した1989年には，
大韓航空と提携し，機内販売にも取り組んでいる。[18]2004年
には香港に出店し，中国での展開も開始した。

　このように，ミキモトは1970年代から国内市場では身近
な高級品として急成長を遂げた一方，海外市場で同様の成功
を収めることはできなかった。ブランド・アイデンティティ
が曖昧で，高品質な天然真珠の革新的なメーカーというイメ
ージを超える，強いストーリー性を欠いていたからである。

17　『日本経済新聞』1975年10月13日。
18　『日本経済新聞』1989年9月10日。

ミキモト・パリ店
出典：iStock.

　ミキモトは非上場企業であり，財務情報はほとんど開示されていない。それでも売上高のデータを見ると，1990年代半ばから急成長した世界のラグジュアリー・ビジネスの進化とはまったく異なる道を歩んでいることがわかる。1980年代後半に約290億円であったミキモトの年間売上高は，1997年には367億円となり，ピークを迎えた。これは，バブル経済など，国内市場の影響が大きい。その後，売上高は徐々に減少して，2011年には202億円の低水準まで落ち込んだものの，2014年から2018年にかけては平均270億円にまで回復している[19]。

　なお，この時期，日本のジュエリー市場は，海外ブランドの参入などによって競争が非常に激しくなった。コンサルティング会社ユーロモニターインターナショナルによると，2009〜2018年に，ミキモトは世界のジュエリー・ブランド

||||||||||||||||||||||||||||||||||||

19　『会社四季報』1980-2019年。

60 社にランクインしていない。

　一方，国内市場では，2010 年にはカルティエ，ティファニー，ブルガリに次ぐ第 4 位，2018 年にもヴァン クリーフ＆アーペルに抜かれたものの第 5 位を維持している。国際的にはブランドを確立できていない中，国内市場でも海外ブランドと競合する状況下ではあるが，日本においては現在も競争力を保っているといえよう。[20]

　時計メーカーのセイコーも，同じような発展パターンをたどっている。[21]1881 年，東京・銀座で服部時計店として創業し，1890 年代にはスイスの輸入時計をモデルとして時計の製造を開始した。高精度の時計づくりを目指した同社のターゲットは，高級品ではなく，大衆品であった。

　それでもセイコーは，1974 年にサブ・ブランドとしてクレドールを立ち上げ，高級素材（金，ダイヤモンド）と手作業で組み立てた特殊なムーブメントの使用を特徴に，高級化への道を歩み始めた。[22]さらに 1980 年には，スイスのジャン・ラサールを買収し，スイス人経営者を社長に据えて，これを世界的な高級時計ブランドへと成長させることを目指す。その後も日本市場において，1982 年にはクレドールの，1985 年にはジャン・ラサールの，また 1980 年代半ばにはフラン

||||||||||||||||||||||||||||||||||||

20　ユーロモニターインターナショナル・ウェブサイト（brand shares of luxury goods; brand shares of jewellery，2020 年 8 月 30 日アクセス）。

21　平野（1968）。

22　DONZÉ（2014）pp. 425-428.

スのファッション企業クレージュやニナ・リッチ・ブランドの，各種ジュエリー・ウオッチを発売した。

　しかし，こうした高級品やファッションへの多角化戦略にとって，国内市場を最重要視する姿勢が弱点となった。セイコーは，スイスの高級時計メーカーと競争することを目的にしていたが，その市場は日本国内に限られていた。1980年代に日本が高級品の主要な輸入国になっていたことも，この志向を強めた。

　さらにセイコーは，1988年に高級機械式時計のサブ・ブランドであるグランドセイコーを再出発させ，国内市場においてオメガやロレックスと競合を図った。もともと1960年に立ち上げられた同ブランドは，機械式の各種最新技術を装備していたが，1968年に当時の経営陣がオリジナル・ブランドのセイコーをすべての市場において強力に構築することを決定したため，ごく一部のモデルを除いて文字盤にもケースにも表示されなくなっていたものである[23]。しかし，1990年代以降グランドセイコーは，日本の伝統あるものづくりの素晴らしさを体現するブランドとして，国内市場においてロレックス，オメガに次ぐ第3位を占めるという重要な成功を収めた。

　そして2010年以降は，海外市場で積極的にグランドセイコーを展開し，パリ，ニューヨーク，上海などの主要都市に，モノ・ブランド・ストアを連続出店した。2015年には資生

23　川端・広田・鈴木（2017）。

堂・元役員のカーステン・フィッシャーを取締役とし，新た
なマーケティング戦略の実行をサポートしようとした。アメ
リカ，ヨーロッパ，中国などの主要な海外市場における同ブ
ランドのマネジャーには，日本人ではなく，スイスの時計メー
カーで長く経験を積んだ外国人が起用されている。この経
営の現地化は，グランドセイコーの成功に寄与したといえよ
う。ところが，セイコー・ブランドのもとで同社は，スポー
ツ・ウオッチからハイテク製品，高級機械式時計まで，いく
つかの異なるサブ・ブランドを保持しているため，会社とし
てのコア・メッセージは不明確になってしまっている。[24]

　同社時計部門の売上高推移には，ラグジュアリー戦略の変
化の影響を見て取ることができる。セイコー時計部門の売
上高は，1980年に3270億円でピークを迎えた。当時ラグジ
ュアリー戦略をとっていなかった時計業界にあって，この
事実が示すのは日本の製造業の成功である。その後は20年
間，同部門の重要性は低下し続け，2003年に1020億円で底
を打つこととなった。21世紀初頭まで，クレドール，ジャ
ン・ラサール，グランドセイコーは，セイコーの発展に何の
影響も与えなかった。転機は2000年代半ばである。世界金
融危機後の2年間を除いて同社の時計部門は継続的に成長し
始め，2015年には1650億円，2018年には1420億円の売上
高を記録した。[25] この成長局面は，2010年以降に採用された

‖‖‖‖‖‖‖‖‖‖‖‖‖‖‖‖‖‖‖‖‖‖‖‖‖‖‖‖‖

24　Donzé and Borel (2019)。

25　『会社四季報』1980-2018年。

新たな戦略によるものである可能性が高い。とはいえ，グランドセイコーも，ロレックス，オメガに次ぐ第3位のブランドになっているのは日本に限られ，世界市場ではまだ遅れをとっている。たとえば2017年において，世界市場で全セイコー・ブランドが占めるシェアは，ロレックスの14.1％に対し，わずか3.6％に過ぎなかったのである。[26]

　ミキモトとセイコーは，ラグジュアリー産業内の異なる分野に属する企業だが，世界のラグジュアリー市場で競争力を確立できない日本のラグジュアリー企業の本質的な弱点を説明する，いくつかの共通点を有している。両社とも，国内市場で発展し，そのマーケティング戦略を単純に国際展開する形で海外進出を図って，難しさに直面した。

　ミキモトとセイコーは，日本のものづくりの素晴らしさを体現するブランドである。ミキモトが最高の人工真珠を実現したこと，セイコーが世界一精確な時計をつくったことは，日本の消費者にとって常識であり，そうした物質面への評価が購入に結びついている。しかし，技術的な成果を強調するだけでは，華やかなストーリーで消費者を魅了しなければならないグローバル市場で成功することはできない。結果として，国内市場に焦点を当てた両社の売上高推移は，1990年代初頭から継続的に成長してきた世界のラグジュアリー・ビジネスとは大きく異なっているのである。

||||||||||||||||||||||||||||||||||||||||||

26　VONTOBEL（2018）。

3 本書の位置づけ

　ラグジュアリー産業については，1990年代以降，経営学や歴史学の分野で蓄積が進み，多数の論文や書籍によって，この産業のさまざまな側面が明らかにされてきた。本書で，これらの文献を再検討することはしないが，次章において多くの著作を参照・紹介している。より詳細なレビューに興味のある読者は，筆者の既発表論文を参照されたい。[27]

　本書の目的は，1980年代から現在に至るまでの，現代ラグジュアリー産業の形成と発展の条件を説明する物語を提供することである。なぜ，そしてどのようにして，ヨーロッパ企業がこの分野で主要なプレーヤーとしての地位を確立できたのかを理解することである。

　本書は2部に分かれている。第1部では，現代ラグジュアリー産業の原点となった3つの産業変革（市場のグローバル化，大規模な多国籍企業の設立，グローバル・ブランドの構築）を扱う。第2部では，主な組織モデルの分析を行う。LVMHに代表されるラグジュアリー・コングロマリットは，この分野で大きな影響力を有するが，企業組織の種類はこれが唯一ではない。独立系企業，工業グループ，地域に深く根ざした企業，新しい企業など，他のタイプの組織について議論し，コングロマリットと比較した場合の特徴や，競争優位，弱点を

<hr />

27　DONZÉ and FUJIOKA (2017)；DONZÉ (2022)。

示す。

　ラグジュアリー企業の史料は，一般に，過去40年分を入手することが困難である。そこで本書は，企業や団体の年次営業報告書，コンサルティング会社が発行したレポート，外国貿易に関する公式統計などを主な情報源としている。ほかにも，取り上げた企業の歴史的事実については *International Directory of Company Histories* シリーズによった。価値指標に関し，通貨はユーロおよびアメリカ・ドルを用いている。出典における記述が，スイス・フラン，イギリス・ポンド，日本円，インド・ルピーなどといった他の通貨によっている場合には，平均為替レートに基づいてアメリカ・ドルに換算した額を算出した上で記載した。[28]

28　ドルとの平均為替レートは，Measuring Worth.com ウェブサイト（https://www.measuringworth.com）に基づいて計算した。

第 1 部

グローバル・ラグジュアリー産業の誕生

現代のラグジュアリー産業は，1980年代から1990年代にかけて起こった，市場のグローバル化，多国籍企業の形成，新しいマーケティング戦略の採用という，3つの変革の結果である。この3点は，きわめて密接に関連している。

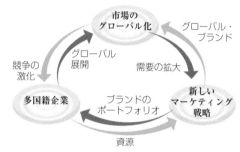

出典：筆者作成。

ラグジュアリー産業のトリプル・トランスフォーメーション

　まず，市場のグローバル化，すなわち高級品アウトレットが世界中の国々に広がったことと，それら多様な地域がグローバル市場に統合されたことにより，ブランド間の競争が激化し，コングロマリット（LVMHなど）であれ，独立ブランド（ジョルジオ　アルマーニなど）であれ，大規模な多国籍企業に集中するようになった。大企業のおかげで，ブランドは世界の主要市場に進出することができる。

　さらに，市場のグローバル化によって引き起こされる需要の増加は，ラグジュアリー企業のマーケティング戦略に影響を与えた。これらの企業は，特定のヘリテージ

に基づいてグローバル・ブランドをつくり上げるように
なった。

　最後に，多国籍企業は資金的にも人的にも多くの資
源を有するため，それらが新しいマーケティング戦略を
可能にする。加えて，強力なアイデンティティを持つグ
ローバル・ブランドの創造が，企業の多角化を可能にし，
補完的なブランドのポートフォリオが形成されることに
よって，流通・不動産・金融サービスへの投資も合理化
されるのである。

　こうした3つの変革は，主に，フランス，イタリ
ア，スイスなどのヨーロッパ企業に恩恵をもたらした。
ファッションの都パリという歴史的ルーツ，クラフトマ
ンシップの伝統，そしてヨーロッパのライフスタイルに
対して抱かれている理想的なイメージが，1980年代以降
のグローバルな高級ブランド発展の基盤となっている。

　この第1部を構成する第1〜3章で，ラグジュアリー
産業に変革をもたらした以上の3点につき，1つずつ詳
細に分析していこう。

第 **1** 章

市場のグローバル化

　2008年，東京で開催されたラグジュアリー・サミット（FT Business of Luxury Summit, ラグジュアリー業界の主要関係者が集う年間イベント）のオープニング・スピーチにおいて，イギリスの経済紙『フィナンシャル・タイムズ』の編集長は，「日本の20代女性の94％がルイ・ヴィトンのアイテムを持っている」と宣言した。ほんの少し批判的に考えさえすれば，これが誇張され，まったく非現実的な数字であるのは明らかであったにもかかわらず，聴衆はこの発言に驚き，魅了されたのである[1]。多くのコメンテーターや専門家に支持されたこの発言は，日本女性は高級ブランドが好きだという神話を裏打ちするものとして，世界中のファッション・ラグジュアリー・メディアに急速に広まっていった。

　それはともかく，日本はヨーロッパのラグジュアリー産業にとって重要な市場となった，最初の非西洋国なのである。つまり，日本はこの産業のグローバル化に基礎的な役割を果たした市場であり，ターニング・ポイントが訪れたのは1980年代のことだった。

1　フランス革製品の輸出

　外国貿易統計を見ると，1960年代以降の高級品市場のグローバル化について，一般的な見解を得ることができる。こ

---

[1]　W. David Marx ウェブサイト（http://neomarxisme.com/wdmwordpress/?p=118, 2020年5月2日アクセス）を参照。

こでは，エルメス，ロンシャン，ルイ・ヴィトンなどが並び立ち，ラグジュアリー産業を代表する存在である，フランスの革製品を取り上げてみよう。図1.1に，1960年から2018年までのフランスの革製品輸出額（ユーロ換算）と，主要4市場（アメリカ，日本，香港，中国）のシェアの推移を示した。この時期は，以下の3つに区分することができる。

第1は，1960年から1970年代前半にかけてで，ニッチ市場であった。輸出は着実に増加していたものの，金額は少なかった（1960年に1710万ユーロ，1970年に3660万ユーロ）。しかも，欧米諸国への依存度がきわめて高かった。最大の市場はアメリカで（1960年代を通して38.5％），今でいうEUも重要な市場であった（1965年に27.9％）一方，アジアでの販売はほとんどなかった。すなわち，当時はまだ旧来の高級品の世界であったといえ，西欧諸国の上・中流階級に専用の製品を提供する，小さな企業が支配的だったのである。

第2は，1975年から2000年にかけてで，東アジアに対する依存度を高めながら力強く成長する市場への過渡期と位置づけられる。輸出額は，1980年に1億5400万ユーロだったものが，1990年に7億4800万ユーロに達し，1995年には10億ユーロの大台を超え，2000年には18億ユーロにまで拡大した。フランス革製品の市場は，1980年代を境に世界で驚異的なブームを経験した。

この拡大は，新しい市場の出現によってもたらされたものであった。アメリカのシェアが1973年から1982年にかけて10％以下にまで激減する中，拡大を下支えしたのが日本である。1974年までは5％にも満たなかったシェアが，2年後

にはアメリカを上回り，1980 年には 18.1 ％に，1997 年から 2003 年にかけては 30 ％を超えるまでになった。1980 年代のアメリカ，1980 年から 2000 年にかけての香港への輸出急増も，日本人が観光に訪れた旅先から高級品を持ち帰ったことが影響して，他の市場が勃興したことを示している。[2]

日本市場の重要性が高まったのは，1970 年代から 1980 年代にかけての強力な経済成長と円高の結果である。この時期，

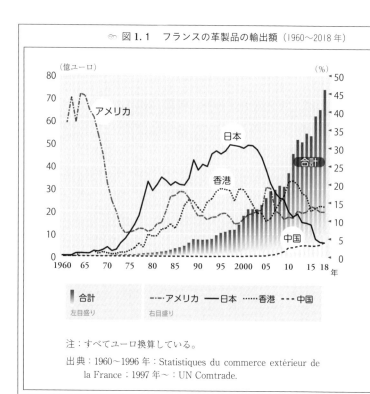

図 1.1　フランスの革製品の輸出額（1960〜2018 年）

注：すべてユーロ換算している。

出典：1960〜1996 年：Statistiques du commerce extérieur de la France；1997 年〜：UN Comtrade.

1985 年から 1991 年にかけての金融バブルに象徴される通り，日本人は世界で最も平均所得の高い国民となった。

とはいえ，高級品の消費拡大に関しては，購買力の向上だけでなく，社会的・文化的要因も考慮しなければならない。具体的には，高品質な手工芸品の魅力（高級品業界の新しいストーリーテリングと共鳴する），ライフスタイルの西洋化，ブランド消費による社会的同一性への欲求，そして冒頭で述べた若い女性に話を戻すと，結婚するまで親と同居する独身者の高収入などをあげることができる。事実，1978 年にルイ・ヴィトンが日本市場に参入した際，この「パラサイト・シングル」は主要なターゲットの 1 つだったのである[3]。

第 3 は，2000 年以降の時期である。人口の高齢化と経済の停滞により，日本のシェアは急激に低下した（2010 年には 12.4 ％，2016 年以降は 5 ％以下）。その衰退は，2000 年代前半の香港を追いかけるようにして起こった。ところが，フランス革製品の輸出は拡大を続け，2012 年には 50 億ユーロ，2018 年には 70 億ユーロの大台を突破する。

この時期に，市場が依存したのは，中国の消費者という新しい顧客層である。ただ，国内では高級品に税金が課せられることから，中国人はそれらを海外で購入するため，その重要性は輸出統計ではあまり目立たない。それでも同国のシェアは上昇し，2018 年には日本を上回った。中国人観光客に

2　Rosenbaum and Spears（2006）；Nueno and Quelch（1998）。

3　Yamada（2001）。

より新たな成長段階を迎えていた香港も，2013年以降は政情不安に伴って再び下降局面に入る。その後，彼らの買い物場所は，シンガポール，ロンドン，ニューヨークなどへ移っていったものの，輸出データからは直接観察できなくなってきている。図1.1からもわかるように，主要4市場の合計シェアが，1990年代には55％以上あったものが2016年以降40％以下に低下したのには，こうしたショッピングの地理的分断という理由が考えられる。

とはいえ，非西欧国が主要な市場となり，ヨーロッパのラグジュアリー企業の発展に影響を及ぼすということに関して，日本は上述のようなシェアの推移以上に大きな意味を持つ。それをよく表すのが，ルイ・ヴィトンの例である。

1854年に創業したトランク・旅行用品メーカーであるルイ・ヴィトンは，1970年代まで，家族的な経営によって商業的な拡大を抑制していた。会社の支配権を維持するためにヴィトン家は資本を開放せず，販売網を拡張する手段もほとんど持たなかった。店舗もパリとニースの2カ所にしかなく，海外市場への参入は独立の輸入業者や販売業者に頼っていた。[4] しかし，1977年，4代目社長に就任したアンリ・ラカミエが，会社を徹底的に見直した結果，家族経営の小さな会社から多国籍企業へと変貌を遂げることになる。同社は店舗網を拡大し，スポンサーシップに基づく新しいコミュニケーション戦

||||||||||||||||||||||||||||||||||||||||

4 BONVICINI（2004）。

略を確立することに注力していった。[5]

　日本に進出したのも，このような状況下でのことである。[6] 同社の製品は，輸入業者の三井物産や販売業者であるサン・フレールとの契約により，すでに日本国内でも販売されていた。しかし1970年代後半になると，海外でルイ・ヴィトンのバッグを購入し，日本で安価に販売する並行輸入業者のネットワークを通じて，消費が拡大するという事態が生じる。利益やブランド・イメージを損なうこのような行為をやめさせたいと考えたフランス本社は，日本市場での展開をコントロールするため，1978年に東京にオフィスを開設，数年後には子会社とした。この事務所は，輸入，流通，マーケティング業務を担い，西武百貨店や髙島屋と提携して販売を行った。同年には店舗も6店をオープンし，そのうち4店は百貨店に出店した。この経験をもとに，1980年にはアメリカにも初の店舗をオープンしている。なお，その後も日本での店舗網は充実の一途をたどり，1999年に38店だったブティックが，2019年には55店を擁するまでになっている。[7]

　これらの店舗は，日本の消費者にヴィトンが体現しようとしている価値観を伝えるために不可欠な場所，すなわち重要なコミュニケーション・ツールと位置づけられた。すでに1978年の時点から，店舗には創業者の肖像と古いトランク

5　*Les Echos*, 2003/4/1.

6　HATA（2004）。

7　ルイ・ヴィトン・ウェブサイト（https://eu.louisvuitton.com/eng-e1/stores/japan，2019年10月20日アクセス）。

が展示され，旅行用品やアクセサリーといった分野における歴史的なルーツ（つまり正当性）を強調していた。さらに 2000 年以降は，店舗デザインに著名な建築家を起用することで，アートやクリエイティビティをサポートするというブランド・イメージを演出している。実際，2002 年 8 月に東京・表参道にオープンした旗艦店は，後にニューヨークや香港のヴィトン・ショップの改装も手がけることになる建築家・青木淳が設計したものである。同店について，LVMH のオーナー，ベルナール・アルノーは，グループの営業報告書で次のように述べている。

> ［表参道店は］当社のショップ・ネットワークにおける宝石の 1 つであり，日本におけるルイ・ヴィトンの卓越した成功の象徴であり，日本のお客さまに対するコミットメントの証でもある。[8]

このように，ルイ・ヴィトンが 1978 年から日本で展開した戦略は，20 年以上にわたって大成功を収め，フランス皮革製品の輸出拡大に決定的な貢献を果たした。日本における売上高は，1979 年の 12 億円（550 万ドル）から，1990 年には 353 億円（2 億 4340 万ドル），2002 年には 1350 億円（11 億ドル）となった。2002 年の売上高は，LVMH の総売上高の 8.8 ％，ファッション・レザー部門の 25 ％以上を占めている。[9]

8 LVMH, "Annual report," 2002, p. 3.

　この大幅な成長は，日本の顧客（とりわけ上述のパラサイト・シングル層）に向けて特別にデザインされた新製品を開発し，日本市場に適応したことが大きく影響している。ルイ・ヴィトンは，「エピ」(1984年)，「ソミュール」(1987年)，「タイガ」(1994年) など，いくつかのハンドバッグ・コレクションを日本で発表し，それらを後に世界中で展開した。2002年には，現代美術家の村上隆によるカラフルなモノグラムを投入するなど，日本のアーティストともコラボレーションした。同時に，ブランドに魅了された低所得者層にも手の届く商品を提供するため，多くの小物（キーホルダー，財布など）を制作したことが，ブランド評価に大きく貢献していることも見逃せない。[10]

2 日本市場への参入

　ルイ・ヴィトンの事例は，どのようにして遠く離れた市場にアクセスするかという問題の格好のサンプルといえる。ブランド・イメージの一貫性を保つためには，流通（商品の価格とアイデンティティ）をコントロールする必要がある一方，進出先市場の特異性や機会を考慮すると，特別な商品を開発することもまた不可欠である。多くのヨーロッパのラグジュ

9　HATA（2004）; LVMH, "Annual report," 2002 に記載されているデータに基づいて計算した。

10　FUJIOKA, LI and KANEKO（2018）。

アリー企業にとって日本市場は，非西洋で最初に重要となった市場だった。本節では，この市場で20世紀後半から21世紀初頭にかけて起こった，アクセス条件の大きな転換に注目しよう。

1980年代まで，小売業への海外直接投資は完全には自由化されていなかった。また日本の流通システムは複雑で，卸業者や代理店が何段階にも分かれているため，外資系企業が単独で小売店を開設するのはほぼ不可能で，国内のパートナーに協力を仰がざるをえなかった。

それでも，1960年代には，ロレアル（1963年）やエスティローダー（1967年）など欧米の化粧品企業が日本に子会社を設立した。その後も，ティファニー（1972年），ブシュロン（1973年），ロンジン（1974年）などの時計・宝飾品メーカーや，ルイ・ヴィトン（1978年），シャネル（1980年），エルメス（1983年）などのファッション・皮革製品メーカーが，続々と日本に進出した[11]。これらの企業は，自社製品の輸入と日本の流通業者への販売を専門的に担い，マーケティング活動も統括した。

ただ，こうした企業は例外的で，他の高級ブランドはほとんどが小規模な家族経営であり，日本に子会社を設立する手段を有していなかった。そこで彼らは，日本での製品製造のために現地のパートナーとライセンス契約を結ぶか，商社と輸入契約を結ぶかという，2つの戦略の，いずれかを選ぶこ

---

11 BYTHEWAY（2014）pp. 217–220.

とを迫られた。

　フランスのオートクチュール企業は，ライセンス生産を多用し，クリスチャン・ディオールがその先駆者となった[12]。同社は 1953 年に大丸と契約，ドレスのライセンス生産を開始する。その後，ピエール・カルダンと髙島屋（1959 年）あるいは伊勢丹（1963 年），ニナ・リッチと松坂屋（1961 年），ギ・ラロッシュと三越（1963 年）など，多くの百貨店がこの方式を採用した。

　これらの取引関係は，婦人服の生産から始まり，次第に多種多様なアクセサリーへと拡大していった[13]。このとき百貨店は，日本でのライセンス生産のパートナーであるだけでなく，ライセンス商品を販売する小売のパートナーでもあった。そもそも戦前から百貨店が果たしてきた，西洋の物質文化を日本に広め，日本の消費者がそれらの商品を手に入れる場所となるという機能が，ここでも発揮されたのである[14]。

　ヨーロッパのファッション企業とこうした契約を締結したのは，百貨店だけではない。たとえばクリスチャン・ディオールは，1963 年に鐘紡と新たにライセンス契約を結んでいる。ほかにも，バーバリーは三陽商会と（1969 年），イヴ・サンローランは川辺と（1970 年），クレージュはイトキンと（1980 年）など，さまざまな繊維メーカーや衣料品メーカーと契約が結ばれた[15]。

||||||||||||||||||||||||||||||||||||||||

12　Oкawa（2008）：木下（2011）。

13　藤岡（2013）。

14　藤岡（2006）。

　一方，日本に生産拠点を移したくない，あるいはスイスの時計メーカーのように法律上の理由で移せない企業にとっては，商社を介した輸出が日本市場へのアクセス手段となった。そして商社も，1990年代まで日本における高級品の主要な販売拠点であった百貨店と連携していたのである。

　したがって，参入形態（子会社，ライセンス生産，輸出）が何であれ，小売に関しては同じ百貨店というアクターに依存していたといえる。図1.2によると，日本の全百貨店の売上高は1960年から1991年（ドル換算では1995年）までほぼ一貫して増加し，中でも1970年代前半と1980年代後半の成長は著しかった。ドル建てでは，超円高だった金融バブルの時期に，1985年の286億ドルから，1990年には643億ドル，1995年には912億ドルと，目覚ましい伸びを示した。この数字からも，ヨーロッパの高級ブランドにとって，百貨店と日本市場がいかに重要であったかは明らかである。

　しかし，1991年のバブル崩壊以降，売上は停滞・減少の一途をたどった（ドル建てでは1996年以降）。これにはもちろん，海外の高級品だけでなく，食品をはじめとする国内の高級品も含まれるが，海外高級品の売上は全体の傾向とおおむね連動していると考えてよいだろう。2008年の世界金融危機からも，強いマイナスの影響を受けている。その後，中国からの観光客が増えたことで減少が食い止められる時期が続いたが，近年はCOVID-19によって劇的な落ち込みに見舞われ

::

15　木下（2003）。

ている。

ただ，1990年代以降，このように百貨店が衰退した原因は，日本経済の減速だけではない。それ以上に重要なのは，日本の高級品市場における百貨店の役割が変化しているということである。

1990年代の自由化に伴い，資金力を持ったコングロマリットに買収されたヨーロッパの高級ブランドは，日本市場でのプレゼンスを直接的に高められるようになった。それは，グローバル・ブランドの創造と管理という新しい戦略を実行するために必要とされた取り組みであり，具体的には本社によ

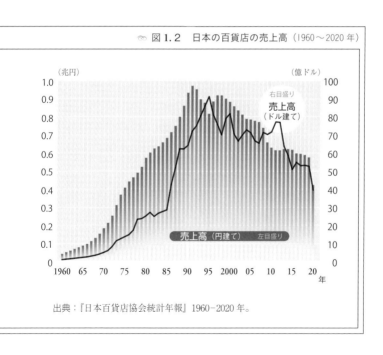

⌒ 図1.2　日本の百貨店の売上高（1960〜2020年）

出典：『日本百貨店協会統計年報』1960-2020年。

る強力な管理とモノ・ブランド・ストア網の開発を意味していた。[16]

　実際，1990 年以降，欧米高級ブランドの大半が日本に子会社を設立している。コーチ，ミュウミュウ，ブルガリ（以上，1991 年），ジョルジオ アルマーニ（1995 年），ヴィヴィアン・ウエストウッド（1996 年），タグ・ホイヤー（1997 年），バーバリー（2000 年），ポール・スミス，ベルルッティ（以上，2002 年），プラダ，カルティエ（以上，2003 年），ボッテガ・ヴェネタ（2006 年）などである。[17] このように日本に直接拠点を置くことで，小売ネットワークの拡大をより効果的にコントロールすることが可能となった。これらの子会社は，百貨店の外におけるモノ・ブランド・ストアの開店を統括し，ライセンス契約を終了させていった。

　クリスチャン・ディオールは，その好例である。[18] 前述の通り，同社の日本市場における歴史は長いが，ライセンスの乱発によって過剰に商品展開が行われ，イメージがぼやけてしまっていた。1984 年に前出のアルノーが同社を買収し，1987 年に LVMH が設立されると，特定市場向けのライセンスを廃止し，モノ・ブランド・ストアのグローバルなネットワークを構築するという，新しい戦略が打ち出された。日本でも，1997 年に鐘紡とのライセンス契約が終了しているが，それより前の 1992 年に日本法人を設立している。[19] こうした

━━━━━━━━━━━━━━━━━━━━━━━━━━

16　本書第 4 章参照。

17　BYTHEWAY（2014）。

18　DONZÉ and WUBS（2019）。

動きに伴って全国に展開するブティックのネットワークは，2000 年の 6 店舗から 2019 年には 19 店舗に拡大した。[20] フェンディも，LVMH が 2003 年に東京にモノ・ブランド・ストアをオープンし，日本での販売網構築をスタートさせた。[21]

バーバリーも同様の経緯をたどった。2000 年に，イギリス本社は三陽商会とのライセンス契約をめぐって再交渉を行い，製品デザインに対するコントロールを強化した。さらに 2014 年には，ついにライセンス契約を終了し，日本に販売子会社を設立して，東京・表参道に旗艦店をオープンした。[22][23]

こうして 2000 年以降，各ブランドは百貨店ではなく，東京の銀座や表参道，大阪の心斎橋などの高級繁華街に旗艦店を構えるようになった。このスタイルが，日本に定着を図るブランドの参入形態として好まれる傾向が生じている。

3 中国市場への参入

1990 年代半ばまでは，中国でヨーロッパの高級品の販売はほとんど見られなかった。それが 25 年後には，商品の種

19　BYTHEWAY（2014）。

20　Christian Dior SA, "Annual report," 2000；ディオール・ウェブサイト（https://www.dior.com/store/ja_jp?search=undefined&origin=pcd，2019 年 5 月 16 日アクセス）。

21　HINES and BRUCE（2007）。

22　MOORE and BIRTSWISTLE（2004）。

23　Burberry, "Annual report," 2014–2015.

類にもよるが，世界の高級品市場の３分の１から２分の１を中国人が占めるほどになっている。たとえばコンサルティング会社ベイン・アンド・カンパニーによると，世界の高級消費財消費に占める中国の割合は，2000 年の２％から 2019 年には 35 ％にまで上昇した[24]。

　この驚異的な成長を理解するためには，同国における高級ブランドとその顧客との関係を確認する必要があるだろう。まず，中国市場の消費者たちへは，当該地域に設立された販売店を通じた直接的なアクセスだけでなく，観光やインターネットを通じた他国での購買に対する間接的なアクセスも考慮に入れなければならない。さらに，こうしたアクセスが始まったのは，主に 1990 年代後半以降，つまり，ラグジュアリー産業を一変させた高級コングロマリットの形成以降のことである。したがって，日本で行われたような，資金力のない家族経営の小企業から多国籍上場企業へと移行したことに伴うプレゼンスの再構築といった現象は，中国では見られない。同国のラグジュアリー市場が開放されたとき，ほぼ無限の資金力を有してグローバル・ブランドを管理するラグジュアリー・グループは，すでに形成されていた。

　ただ，大企業として参入したものの，開放されたとはいえ規制の強い中国で，日本において自由化の恩恵を受け再配置を行ったのと同じように振る舞えたわけではない。しかも，21 世紀の初めごろ，ヨーロッパの高級ブランドは中国の一

||||||||||||||||||||||||||||||||||||||||

24　BAIN & CO.（2020）。

般消費者にほとんど知られておらず，「教育」のプロセスが必要とされていた[25]。

このような状況下で，全国に数ある高級ショッピング・センターの中にモノ・ブランド・ストアを展開することは，理に適っていた。スイスの時計ブランド，オメガは，そうした例の典型である。上海（1980 年）と北京（1985 年）にアフターサービス・センターは開設していたものの，1990 年代までは時計の輸入・販売を厳しく管理していた国有の店舗でしか流通していなかった。それが 2000 年以降，オメガのオーナーであるスウォッチ グループと中国の現地企業・亨得利控股有限公司とが提携したことによって，ブティック網の構築が可能になった。

亨得利控股は，国有の時計販売会社に勤務していた張瑜平が設立した民間企業で，香港証券取引所に上場している。1990 年代後半，国営企業が民営化されていく中で，張は複数の時計販売・小売企業を買収，2005 年に 65 だった店舗数を 2015 年には 482 店舗にまで拡大すると同時に，中国全土で数百の現地独立販売店と協力関係を築き，国内最大の時計小売業者としての地位を確立した。

そして，2003 年にスウォッチ グループと中国でのオメガ製品の販売を目的とした合弁会社を設立，2007 年にはオメガ・ブティックのライセンス管理のために新たな合弁会社も設立した。また 2010 年にはスウォッチが，不動産投資を専

||||||||||||||||||||||||||||||||||||||

25　WANG, SUN and SONG（2011）。

門とする亨得利控股の子会社資本を50％取得した。これら一連の活動により，オメガ・ブティックの店舗網は中国全土に拡大し，その数は2010年の84店舗から2016年には150店舗にまで増加したのである。[26]

　以上の例から，中国における不動産投資の難しさを窺うことができる。ヨーロッパの高級品店は，1990年代に五つ星ホテルに登場したのを皮切りに，主要都市の百貨店，さらには全国に建設された高級ショッピング・モールへと広がっていった。それらは，著名な高級ファッション・ブランドにとって，モノ・ブランド・ストアの主要な出店場所となった。中国市場におけるイタリア高級ブランドの展開を研究したフランチェスカ・ボネッティも，中国で成功するには，専門的なショッピング・モールへアクセスしたり，小売店のネットワークを管理できる現地パートナー（オメガにとっての亨得利控股など）との協力が不可欠であると述べている。[27]

　ラグジュアリー・コングロマリットは，多くのブランドを代表し，また大規模なプロジェクトに直接投資できる資本力を有しているため，そうした高級モールへのアクセス交渉においては明らかに競争優位を持つ。たとえばリシュモン・グループは，2000年代初めまで各ブランドが個別に中国の百貨店と出店交渉を行っていたが，その後バーゲニング・パワーを高めるため，この種の交渉を一元化すると決定した。現

‖‖‖‖‖‖‖‖‖‖‖‖‖‖‖‖‖‖‖‖‖‖‖‖‖‖‖‖‖‖

26　DONZÉ（2018）。

27　BONETTI（2014）。

在では主に，中国で複数の不動産王と関係を構築している子会社リシュモン・アジア・パシフィック・リミテッド（香港）が，それら業務を担当している。またリシュモンは，2003年に中国や東南アジアの金融・不動産で財を成したイギリス人サイモン・マレーを取締役に任命した。

　一方，LVMH は，同様の，しかしより野心的な戦略を追求している。その特徴は，子会社の L Capital Asia（LCA. 後に L Catterton Asia と改称）と L Real Estate（LRE）を通じて，特定の不動産プロジェクトに直接投資する点にある。たとえば，LCA は 2010 年に，中国で亨得利控股に次ぐ最大級の時計販売店・英皇鐘錶珠宝と契約を締結した。LRE についても，上海の高級ショッピング・センターへの投資は特筆すべき動きといえる。[28]

　こうした例は，ラグジュアリー・コングロマリットが新市場への高い進出能力を有することを示すものである。なお，リシュモンと LVMH が展開する上記のような戦略は，中国だけでなく，インド，シンガポール，マレーシアといった他の新興国でも実施されている。

　最後に，中国においてとくに顕著な現象として，高級品のオンライン販売の発展が著しいことがあげられる（2005 年は 13 億ユーロで世界市場の 1 ％，2019 年は 333 億ユーロで同 12 ％）。これもじつは，ヨーロッパの大企業と中国の販売プラットフォームとの連携という意味では，上述の不動産投資と原理は

<hr />

28 THEURILLAT and DONZÉ（2017）pp. 135–136.

アジアのセレブリティとのコラボレーションは，世界のラグジュアリー・ブランドと現地の顧客との距離を縮める。

出典：筆者撮影（香港，2015 年）。

共通している。[29] 2018 年には LCA が，中国の E コマース企業シークー・ホールディングおよび JD.com との提携を発表した。[30] リシュモンも同年，オンライン販売子会社の YOOX NET-A-PORTER（YNAP）を通じて，巨大企業アリババと協力関係を構築した。[31] コングロマリットは，このようにして，中国における高級品の店舗網や E コマースをコントロールしているのである。

||||||||||||||||||||||||||||||||||||||||||||

29　Bain & Co. (2020)。

30　L Catterton ウェブサイト（http://www.lcatterton.com/Press.html#!/LCAsia
-Secoo，2020 年 11 月 2 日アクセス）

31　*Time*, 2018/10/26.

4 ラグジュアリーの民主化とグローバル化

　高級品市場のグローバル化は，地理的な拡大だけでなく，中間層への販売増をも伴う。後者は「ラグジュアリーの民主化」とも呼ばれる。1970年代まで，ラグジュアリー産業の市場はニッチだった。家族経営の中小企業が，ごく限られた社会的エリートのために，高品質の衣料品・香水・時計・アクセサリーを限定的に生産する。シャネルのスーツ，ゲランの香水，ブルガリのジュエリー，パテック フィリップの時計といった高級品が，誇示的消費による社会的な差別化を可能にしたことは，ソーステイン・ヴェブレンや，ゲオルク・ジンメル，ピエール・ブルデューら経済学者・社会学者が指摘した通りである。[32]

　しかし，1980年代から1990年代にかけてラグジュアリー産業で起こった変革は，特定の商品の生産（たとえば，ルイ・ヴィトンやクリスチャン・ディオールのアクセサリー）や，より多くの人が手を出しやすい価格帯のセカンド・ブランドの立ち上げ（たとえば，エンポリオ アルマーニ）など，提供商品を拡大するプロセスを伴った。オートクチュール・コレクションへの参加やコンプリケーション・ウオッチ（高度で複雑な機構を備えた時計）のデザインなどで伝統的な製品製造を継続しつつ，高級品の象徴としてブランドの正当性を維持・強化する

||||||||||||||||||||||||||||||||||||||||

32　VEBLEN (1899) ; SIMMEL (1904) ; BOURDIEU (1979)。

ことで，比較的安価な商品にはデザイナーのラベルという強力な付加価値を付与することができたのである。

　ラグジュアリーの民主化には，主に2つの目的がある。第1は，利益を上げることである。工業生産と高付加価値ブランドの組み合わせにより，利益率の高い商品を大量に販売することで，ラグジュアリー企業は多額の収益を確保する。クリスチャン・ディオールは，世界中でアクセサリーをライセンス生産した先駆者であり，1970年代から高い収益を実現していた。たとえば1977年に，アクセサリーは同社売上高の40.8％，利益の70.2％を占めたのである。オートクチュールとプレタポルテ（高級既製服）は赤字を出していたが，高い利益率のアクセサリーを成立させるブランドの高級感を演出するためには必要な事業でもあった。[33] 1980年代から1990年代にかけて，このビジネスモデルは，ラグジュアリー産業の，とりわけファッション・ブランドから参考にされるようになった。

　第2の目的は，ブランドの評判を高め，新しい市場への浸透を促進することである。たとえばルイ・ヴィトンでは，前述のようにアクセサリーが日本市場でのブランドの普及に貢献した。シャンドンのスパークリング・ワインも，この戦略の一例である。1950年代末，世界有数のシャンパン・メーカーであるモエ・エ・シャンドンの経営者は，アルゼンチンにおけるスパークリング・ワイン生産への投資を決定し，シ

‖‖‖‖‖‖‖‖‖‖‖‖‖‖‖‖‖‖‖‖‖‖‖‖‖‖‖‖‖‖‖

33 OKAWA（2008）p. 103.

ャンドンのブランドで市場に投入した。この試みは，1973年にはブラジルとアメリカ（カリフォルニア），1986年にはオーストラリアにも拡大され，同社が LVMH に買収された後は，さらに中国（2013年）やインド（2014年）といった新興市場にも適用された。[34]これはすなわち，将来的にモエ・エ・シャンドンのシャンパンに乗り換えてもらえることを期待して，高品質だが安価なスパークリング・ワインを新たな顧客に紹介するという戦略である。2つのブランドはパッケージを似せてあり，ブランド間の乗り換えも容易と感じられるようになっている。

　こうしたラグジュアリーの民主化により，確かに短期的には利益を上げることができるとはいえ，そこに危険がないわけではない。複数ブランドの並立は，まさに高級感の根幹である排他的なイメージを損なう可能性があるからである。グッチのように，アクセサリーへ進出したものの，うまく管理できなかったために，高級ブランドとしてのアイデンティティを失ってしまった事例もある。[35]

　カプフェレとバスティアンは，「民主化」の意味するところは社会的な距離や不平等を減らすことだが，「ラグジュアリー」はその逆，つまり持てる者と持たざる者の間に距離をつくることだと主張した。そのため，消費の民主化と伝統的なラグジュアリー戦略との間でバランスをとるのは難しい。

34　LVMH ウェブサイト（https://www.lvmh.fr/les-maisons/vins-spiritueux/chandon/, 2020年11月26日アクセス）。

35　MOORE and BIRTWISTLE（2005）。

真のラグジュアリー・ブランドは，その排他性と魅力を維持するために，市場の拡大を目指すべきではない。[36] ところが現実には，ほとんどのラグジュアリー企業が，多かれ少なかれ民主化戦略を採用している。ダニエル・アレレスも，「エクスクルーシブ・ラグジュアリー」とは対照的な「アクセシブル・ラグジュアリー」という存在を指摘している。[37]

　ただ，このような市場拡大の背後には，1つの疑問が残る。それは，所得格差の拡大がラグジュアリー産業の成長にどう影響しているのかである。上で述べたような現象を，本当に高級品消費の民主化といえるのだろうか。フランスの経済学者トマ・ピケティの研究によると，1980年代以降，世界的に不平等が拡大している。[38] たとえばアメリカでは，上位10％層の所得が国民所得に占める割合が，1950～1980年代の35％以下から，2000～2010年には45～50％にまで上昇した。[39] この傾向は，世界のほとんどの国で同様だという。[40] ラグジュアリー産業の変革は，まさに所得格差が急速に拡大する中で起こったといえるのである。しかも，前章で述べたように，1994～2008年の間，高級消費財市場の成長率は世界経済全体のそれを上回った（図0.1）。ここから，世界のGDPの増加がほぼ機械的に高級品消費の増加につながるわけでは

︙︙︙︙︙︙︙︙︙︙︙︙︙︙︙︙︙︙︙

36　Kapferer and Bastien (2009) p. 179.
37　Allérès (1991)；Donzé (2022)。
38　Piketty (2013)。
39　Piketty (2013) p. 52.
40　Piketty (2019)。

ないことがわかる。

　社会的不平等と高級品消費との関係が，この産業を研究する歴史家や経営学者に取り上げられることは，これまでほとんどなかった。従来，高級品の特殊性（職人の技巧，高品質の素材など），個人化した消費者の快楽主義的性格（高級品を買うことで自分を喜ばせたいという欲求），長きにわたる製造業の伝統などについては，好んで主張されてきている。これらはつまり，高級品の消費を肯定的に捉えられる要素であり，現代社会で拡大する不平等が何を意味するかに関して，イデオロギー的な議論を避けることができるのである。さらに，多くの社会科学者はラグジュアリー企業との距離が近く，ブランド側が不利と感じるような視点を採用できないという問題も指摘されている[41]。とはいえ，少ないながらも，社会的不平等がいかに高級品市場の成長を促進してきたかを示すことを目的に，独自の考察を展開する経営学者もいないわけではない（クリティカル・ラグジュアリー論[42]）。

　こうした問題意識を受けて筆者らは，2000 年から 2018 年までの世界のワイン輸出を取り上げ，輸出されたワインの金額と輸入国の不平等レベルの間に強い相関関係があることを明らかにした[43]。これはつまり，所得格差が大きい国ほど，高価なワインの消費量が増えるということである。この関係は，過去 20 年間にわたって一貫していることから，新興国にお

||||||||||||||||||||||||||||||||

41　Donzé (2022)。

42　Armitage and Roberts (2016)。

43　Donzé and Katsumata (2022)。

ける中産階級の台頭からもほとんど影響を受けていないことがわかる。

　シャンパンの輸出量は，世界的な不平等の拡大とともに，1990年代から急激に増加した。その金額は，1995年に約14億ドルだったものが，2000年には15億ドル，2018年には38億ドル[44]にまで達しており，21世紀初頭に成長が加速したのである。そして，2000年から2018年にシャンパンの輸入量が最も増加した国は，所得格差が最も大きい国だったのだ（図1.3）。

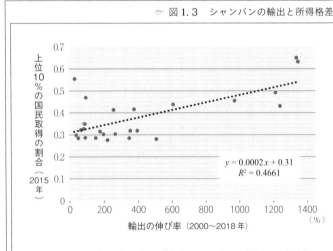

⌒ 図1.3　シャンパンの輸出と所得格差

$$y = 0.0002x + 0.31$$
$$R^2 = 0.4661$$

上位10％の国民取得の割合（2015年）

輸出の伸び率（2000〜2018年）

（％）

注：中国（2018年，第18位）とチェコ（同29位）は，成長率が
　　あまりにも高く（それぞれ9304％，2425％），サンプルが意
　　味をなさないため，除外した。

出典：World Inequality Database（https://wid.world/）；UN
　　　Comtrade.

5　グローバル化のインプリケーション

1980 年代から 1990 年代にかけて，市場のグローバル化は，ヨーロッパのラグジュアリー産業に大きな変化をもたらした。日本市場の力強い成長に続いて中国市場が開放され，ロシアや東南アジア諸国などの新興国でも販売が加速した。高級品の消費は，顧客プロファイルの大きな変化に伴って，世界的な現象となった。もちろん，富裕層や超富裕層が高級品メーカーの主なターゲットであることに変わりはない。ほとんどの国で不平等が拡大する中，彼らの所得はより一層増加しているのである。しかし，それと同時に，アクセサリーやセカンド・ブランドが登場して，中間層にまで消費が拡大する「ラグジュアリーの民主化」が起こっている。

ただ，このように市場のグローバル化が現代のラグジュアリー産業の形成に貢献しているとしても，その因果関係は自明ではない。グローバリゼーションは，企業家が新しいビジネスモデルを立ち上げ，売上と利益を増加させる機会として捉えられる。そして，この新しい市場において支配的な組織形態こそ，多国籍大企業である。次章ではこれについて見ていくことにしよう。

44　UN Comtrade ウェブサイト（https://comtrade.un.org/data/）。この数値はフランスのスパークリング・ワインに関するもので，シャンパンだけではないが，金額ではシャンパンが輸出の圧倒的多数を占めている。

第2章

大企業の競争優位

　2006年，フランス文化省は，著名なラグジュアリー企業（バカラ，シャネル，エルメス，ルイ・ヴィトン）の工房の責任者4名に「マスター・オブ・アート」の称号を授与した。この称号は元来，自国の優れた伝統芸術の継承を奨励しようと，独立の職人を顕彰することを目的として1994年に導入されたものであり，現在も続いている。表彰に先立って毎年，候補者のリストを提出するのは，コルベール委員会である。1954年設立の同委員会には，フランスの高級ブランドが多数参画する。「マスター・オブ・アート」が，多国籍企業の従業員に与えられたのは，上述の2006年が初めてだった[1]。同章の対象が，独立の職人や技術者，小規模な工房の経営者にとどまらず，大企業に雇用されている職人にも広がったのである。そうした職人たちの持つノウハウは，上場大企業の国際競争力には不可欠な資源の1つとなっている。

　永続する正統なノウハウの伝承者であることは，LVMH，リシュモン，スウォッチ グループといったラグジュアリー大企業が，こぞってコミュニケーション戦略の中心に据えるイメージである。彼らは，自分たちには将来世代に工芸品の伝統を継承する責務があるとする[2]。しかし，そのようにヨーロッパの職人が持つ卓越した技術の維持と歴史的な継続性を主張・実践しながらも，ラグジュアリー産業における大手企業の組織構造が，1980年代から1990年代にかけて大きな変

1　*Le Figaro*, 2006/11/28.

2　本書第4章参照。

革を遂げた結果であることは，**序**章から述べている通りである。

　すなわち，従来は多くが家族経営の独立小企業だったのが，上場多国籍企業が支配的な産業へと変貌した。たとえば，次にあげる有名ブランドについて，1970年代後半と現在との売上高を比べてみると，20世紀末にヨーロッパのラグジュアリー産業が経験した規模の変化を象徴するような伸びを示していることがわかるだろう。ロレックスの売上高は，1979年の約1億9000万スイス・フラン（1億1400万ドル）から，2017年には57億スイス・フラン（58億ドル）に増加した。[3]クリスチャン・ディオール・クチュールは，1977年に2600万ユーロ（1億6900万フランス・フラン）だったのが，2015年から2016年にかけては18億ユーロを上回った。[4]ジョルジオ　アルマーニに至っては，1978年には約50万ユーロだったのが，2015年には27億ユーロにまで激増している。[5]

　とはいえ，ラグジュアリー産業には世界的なセンサスがなく，産業全体の集計データは存在しないため，こうした変化について業界レベルでの正確な動向を分析することは難しい。ただ，前出のコルベール委員会を例にとっても，全加盟者の総売上高は，1984年の41億ユーロから2013年には396億

3　日本貿易振興会（1980）1-9頁；Deloitte（2019）参照。

4　Okawa（2008）p. 103；Christian Dior SA, "Annual report," 2015-2016. なお，2017年以降，クリスチャン・ディオール・ブランドは LVMH グループに統合されたため，売上高が公表されなくなった。

5　*International Directory of Company Histories*, vol. 45（2002）；*Reuters*, 2017/1/14.

ユーロに増加し，30 年間で 10 倍になっている。[6]

　表 2.1 に示すのは，コンサルティング会社デロイトが毎年発表しているラグジュアリー企業 100 社のランキングである。[7] 本表に関しては，以下の 2 点に留意されたい。1 点目は，ラグジュアリーとは何かが定義されていないことである。したがって，アメリカの時計会社フォッシルや，日本のアパレル・メーカーのオンワード，三陽商会など，ラグジュアリー企業というよりは，ファッション・アクセサリーの製造企業も含まれている。ただし，これらは例外的なケースといえる。2 点目は，個人消費財に焦点を当てたランキングであることである。本書第 2 部では言及している，サービス財（ホテル）や，同じ消費財でも自動車などは，含まれていない。これらについて留意が必要ではあるものの，傾向を捉えるには有用と判断し，ここに提示することとした。

1 必要不可欠な資源：資金

　ラグジュアリー企業は，設立年を重要視する。これによってブランドは，長期に存続する伝統芸術という特質を主張し，高級品の生産を正当化できることから，それはブランドのコミュニケーション戦略の核心をなす情報になっている。たと

6　"Le Comité Colbert en 2014," p. 37.

7　DELOITTE（2019）。2017 年の売上高に基づいている。

えば LVMH は，年次報告書において，1365 年の古文書に記録の見られるクロ・デ・ランブレイのブドウ畑から，2017 年にシンガーソングライターのリアーナが立ち上げた Fenty Beauty まで，ブランドのポートフォリオを設立年代別に紹介している[8]。

　実際，ラグジュアリー企業の設立年の古さは，表 2. 1 のトップ 100 ランキングでも確認することができる。100 社の平均は創業 72 年で，うち 4 分の 1 以上（26 社）は創業 100 年を超える。最古参は 1837 年設立のエルメスとティファニーである一方，21 世紀に入ってから設立された企業は 5 社に過ぎず，うち 3 社は新興国のジュエラーである。しかも，これらの社齢と規模の間には高い相関が見られる（表 2.2）。トップ 20 社の社齢が平均 93.6 年であるのに対し，ランキング 81〜100 位では平均が 60.2 年となる。このことは，時を超えるラグジュアリーの本質と，長い歴史を持つブランドの競争力の表れのように思える。

　しかし，こうした企業の競争力については，マーケティング部門が喧伝するのとは別の観点から，以下のような指摘をすることもできる。世界最大規模のラグジュアリー企業には，株式を公開している会社が多い。証券市場への上場率は，売上規模が小さくなるにつれて低くなっていくようにも見える。トップ 100 ランキングのうち，上位 20 社については 18 社が上場しているのに対し，81〜100 社の中では 5 社しか上場し

8　LVMH, "Annual report," 2018, p. 16.

🔖 表 2.1　世界のラグジュアリー企業トップ 100（2017 年）

順位	企業名	国　名	高級品売上高（百万アメリカ・ドル）
1	LVMH	フランス	27,995
2	エスティ ローダー	アメリカ	13,683
3	リシュモン	スイス	12,819
4	ケリング	フランス	12,168
5	ルックスオティカ	イタリア	10,322
6	シャネル	フランス	9,623
7	ロレアル リュクス	フランス	9,549
8	スウォッチ グループ	スイス	7,819
9	周大福珠宝	香 港	7,575
10	PVH	アメリカ	7,355
11	エルメス	フランス	6,255
12	ラルフ ローレン	アメリカ	6,182
13	タペストリー（旧コーチ）	アメリカ	5,880
14	ロレックス	スイス	5,686
15	老鳳祥	中 国	5,346
16	資生堂プレステージ＆フレグランス	日 本	4,748
17	マイケル・コース	アメリカ	4,719
18	ティファニー	アメリカ	4,170
19	バーバリー	イギリス	3,619
20	パンドラ	デンマーク	3,452
21	プラダ・グループ	イタリア	3,445
22	コティ・ラグジュアリー	アメリカ	3,211
23	HUGO BOSS	ドイツ	3,080
24	スワロフスキー・クリスタル	オーストリア	3,043
25	フォッシル・グループ	アメリカ	2,683
26	ジョルジオ アルマーニ	イタリア	2,637
27	Titan	インド	2,449
28	Puig	スペイン	2,181
29	コーセー	日 本	2,071
30	周生生	香 港	1,863
31	マックスマーラ	イタリア	1,784
32	六 福	香 港	1,777
33	OTB	イタリア	1,713
34	オンワード	日 本	1,670
35	Kalyan Jewellers	インド	1,628
36	サルヴァトーレ フェラガモ	イタリア	1,556
37	ポーラ・オルビス	日 本	1,552
38	ロクシタン	ルクセンブルク	1,541
39	ドルチェ＆ガッバーナ	イタリア	1,515
40	PC Jeweller	インド	1,490
41	ヴァレンティノ	イタリア	1,380
42	東方金鈺	中 国	1,372
43	エルメネジルド ゼニア	イタリア	1,369
44	モンクレール	イタリア	1,345
45	パテック フィリップ	スイス	1,239
46	サフィロ・グループ	イタリア	1,180
47	Joyalukkas	インド	1,141
48	トッズ	イタリア	1,108
49	トリー バーチ	アメリカ	1,050
50	SMPC	フランス	1,128

トップ100に占める割合（%）	主な活動内容	設立年	上場年	順位
11.3	多　種	1987	1987	1
5.5	化粧品	1946	1995	2
5.2	時　計	1988	1988	3
4.9	多　種	1963	1988	4
4.2	眼　鏡	1961	1990	5
3.9	ファッション	1954	非上場	6
3.9	化粧品	1909	1963	7
3.2	時　計	1983	1983	8
3.1	ジュエリー	1929	2011	9
3.0	ファッション	1881	1920	10
2.5	革製品	1837	1993	11
2.5	ファッション	1967	1997	12
2.4	ファッション	1941	2000	13
2.3	時　計	1905	非上場	14
2.2	ジュエリー	1848	1992	15
1.9	化粧品	1872	1949	16
1.9	ファッション	1981	2011	17
1.7	ジュエリー	1837	1987	18
1.5	ファッション	1856	2002	19
1.4	ジュエリー	1982	2010	20
1.4	ファッション	1913	2011	21
1.3	香　水	1904	2013	22
1.2	ファッション	1924	1985	23
1.2	ジュエリー	1895	非上場	24
1.1	時　計	1984	1993	25
1.1	ファッション	1975	非上場	26
1.0	ジュエリー	1984	2000	27
0.9	化粧品	1911	非上場	28
0.8	化粧品	1946	1999	29
0.8	ジュエリー	1934	1973	30
0.7	ファッション	1951	非上場	31
0.7	ジュエリー	1991	1997	32
0.7	ファッション	1978	非上場	33
0.7	ファッション	1927	1960	34
0.7	ジュエリー	1993	非上場	35
0.6	靴	1927	2011	36
0.6	化粧品	1929	2010	37
0.6	化粧品	1976	2010	38
0.6	ファッション	1985	非上場	39
0.6	ジュエリー	2005	2012	40
0.6	ファッション	1960	非上場	41
0.6	ジュエリー	1993	1997	42
0.6	ファッション	1910	非上場	43
0.5	ファッション	1952	2013	44
0.5	時　計	1839	非上場	45
0.5	眼　鏡	1934	2005	46
0.5	ジュエリー	2009	非上場	47
0.4	靴	1978	2000	48
0.4	ファッション	2004	非上場	49
0.5	ファッション	1984	2017	50

51	オーデマ ピゲ	スイス	995
52	レブロン	アメリカ	953
53	ショパール	スイス	848
54	テッドベーカー	イギリス	769
55	ヴェルサーチェ	イタリア	760
56	グラフ	イギリス	693
57	サムソナイト（TUMI）	アメリカ	678
58	ロンシャン	フランス	626
59	コール ハーン	アメリカ	600
60	インターパルファム	アメリカ	591
61	フルラ	イタリア	574
62	ブルネロ クチネリ	イタリア	570
63	モバード	アメリカ	568
64	Gerhard D. Wempe	ドイツ	565
65	周大生珠宝	中　国	563
66	三陽商会	日　本	558
67	浙江明牌珠宝	中　国	545
68	Marcolin	イタリア	529
69	謝瑞麟珠宝	香　港	489
70	デリーゴ	イタリア	483
71	Marc O Polo	ドイツ	466
72	カナダグース	カナダ	461
73	ヴェラ・ブラッドリー	アメリカ	455
74	ブライトリング	スイス	437
75	Kurt Geiger	イギリス	422
76	S Tous SL	スペイン	415
77	Euroitalia	イタリア	402
78	ザディグ エ ヴォルテール	フランス	394
79	Restoque	ブラジル	391
80	Sociedad Textil Lonia	スペイン	389
81	リュー・ジョー	イタリア	388
82	アエッフェ	イタリア	357
83	エトロ	イタリア	338
84	フランク ミュラー	スイス	305
85	マーク・ケイン	ドイツ	296
86	TWINSET - Simona Berbieri	イタリア	287
87	Tribhovandas Bhimji Zaveri	インド	273
88	J Barbour & Sons	イギリス	270
89	フェスティナ・ロータス	スペイン	268
90	リシャール・ミル	スイス	264
91	Fashion Box	イタリア	262
92	FALKE KGaA	ドイツ	262
93	Charles Tyrwhitt Shirts	イギリス	250
94	Van de Velde	ベルギー	235
95	ポール・スミス	イギリス	234
96	ジュゼッペ・ザノッティ	イタリア	232
97	ミキモト	日　本	226
98	マルベリー	イギリス	225
99	Acne Studios	スウェーデン	222
100	トリニティ	香　港	218

出典：DELOITTE（2019）。なお上場年は，各社営業報告書，および Inter-

0.4	時　計	1875	非上場	51
0.4	化粧品	1932	1996	52
0.3	時　計	1860	非上場	53
0.3	ファッション	1988	2001	54
0.3	ファッション	1978	非上場	55
0.3	ジュエリー	1960	非上場	56
0.3	旅行用品	1910	2011	57
0.3	革製品	1948	非上場	58
0.2	靴	1928	非上場	59
0.2	香　水	1985	1988	60
0.2	革製品	1927	非上場	61
0.2	ファッション	1978	2012	62
0.2	時　計	1881	1993	63
0.2	時　計	1878	非上場	64
0.2	ジュエリー	2007	2017	65
0.2	ファッション	1943	1971	66
0.2	ジュエリー	1987	2012	67
0.2	眼　鏡	1961	非上場	68
0.2	ジュエリー	1971	1987	69
0.2	眼　鏡	1971	1995	70
0.2	ファッション	1968	非上場	71
0.2	アウトドアウェア	1957	2017	72
0.2	旅行用品	1982	2010	73
0.2	時　計	1884	非上場	74
0.2	靴	1963	非上場	75
0.2	ファッション	1920	非上場	76
0.2	香　水	1978	非上場	77
0.2	ファッション	1997	非上場	78
0.2	ファッション	1982	2008	79
0.2	ファッション	1997	非上場	80
0.2	ファッション	1995	非上場	81
0.1	ファッション	1972	2007	82
0.1	ファッション	1968	非上場	83
0.1	時　計	1991	非上場	84
0.1	ファッション	1973	非上場	85
0.1	ファッション	1987	非上場	86
0.1	ジュエリー	1864	2011	87
0.1	ファッション	1894	非上場	88
0.1	時　計	1984	非上場	89
0.1	時　計	2001	非上場	90
0.1	ファッション	1981	非上場	91
0.1	ファッション	1895	非上場	92
0.1	ファッション	1986	非上場	93
0.1	ランジェリー	1919	1997	94
0.1	ファッション	1970	非上場	95
0.1	多　種	1990	非上場	96
0.1	ジュエリー	1899	非上場	97
0.1	ファッション	1971	2008	98
0.1	ファッション	1996	非上場	99
0.1	ファッション	1960 前後	2009	100

national Directory of Company Histories, 各巻 (1988-2014) に基づき筆者加筆。

ていない（表2.2）。

　企業が資本を開放し，金融市場に乗り出していく意味は，どこにあるのだろうか。オーナー個人にとって，それは，迅速に富を得る手段となる。同時に，企業の経営にとっても，急速な規模拡大に投じる資金を調達するという機能を発揮する。そこで獲得された資金が，新しいブランドを買収してポートフォリオを拡充したり，ブティックのネットワークを開発したりするのに利用される。資金こそが，グローバル市場でのプレゼンスを確保するための資源なのである。

　新規株式公開（IPO）が行われた時期を見ると，このことがより理解されることだろう。そこから見えてくるのは，彼ら自身が主張する歴史や伝統とは懸け離れた姿である。まず，表2.1の100社中，株式を公開しているのは55社だが，この中で1970年以前に上場した企業は4社しかない。最も古くは，アメリカのファッション・グループであるPVH（Phillips-Van Heusen）が1920年にニューヨーク証券取引所へ

表2.2　ラグジュアリー企業の規模別平均社齢と上場状況（2017年）

順　位 ▶	1〜20	21〜40	41〜60	61〜80	81〜100
平均社齢（年）	93.6	68.4	73.7	63.1	60.2
上場企業（社）	18	13	9	10	5

出典：表2.1に同じ。

上場している。これに続いたのは，じつは日本企業，具体的には資生堂とオンワードである（1949年と1960年）。ただ両社とも，上場当時は高級品と無縁で，最近になってラグジュアリー市場へ参入したという点が共通している。

　ちなみに，続く1970年代に株式を公開したのは2社しかなく，どちらもアジアの企業である。1社は，日本の衣料品メーカー・三陽商会で，バーバリーのコートを生産するライセンスを取得した直後の1971年に上場を果たしている。もう1社は，香港の宝飾品販売会社・周生生で，1973年の上場である。いずれも，主に販売網の拡大とグループの再編成に，資本の増強を必要としていた。

　そして，トップ100社の中で1970年以前に株式公開していた4社のうち，最後の1社が，フランスの化粧品・香水メーカーのロレアルである。同社は1909年設立の家族経営企業だったが，1963年の株式公開後，高級品分野で存在感を示す多国籍企業へと変貌を遂げた。2年後の1965年には，香水のランコムを買収し，オートクチュールのクレージュの資本50％を取得し，クチュリエのギ・ラロッシュと香水の製造に関するライセンス契約を締結する。ロレアルは，買収やライセンス契約によって成長を続け，1980年代半ばには世界最大の化粧品会社となった。[9]この時期以降，トップ100社にも大きな変化が訪れる。1980年代に8社，1990年代に13社，2000年代に9社，2010〜2017年に18社が上場した。

9　JONES（2010）chap. 6 に詳しい。本書第6章参照。

ラグジュアリー産業が金融資本主義へ移行したのが，最近の現象であることがわかるだろう。

なお，非上場企業がすなわち，持続可能な発展を追求する家族経営の小規模企業であるとは限らないことには注意が必要である。中には，投資ファンドが所有する企業も含まれている。これらのファンドは，巨額の資本を投下してグローバル市場での成長を果たした後，売却して莫大な利益を獲得することを企図している。たとえば，イタリアのオートクチュール企業ヴァレンティノは，2012年からカタールのファンドであるメイフーラ・フォー・インベストメンツに所有されている。同様に，スイスの時計メーカー・ブライトリングはCVCキャピタルパートナーズが，アメリカの靴メーカー・コール ハーンはエイパックス・パートナーズが所有する。[10] また，LVMHもグループに投資会社 LVMH Luxury Ventures を持ち，同様のファンド業務を展開している。

2 ヨーロッパ企業の優位性

ラグジュアリー産業の次なる特徴は，ヨーロッパ企業の優位性である。トップ100ランキングのうち，じつに74社がヨーロッパに本社を置いている。ただ，これら企業の売上高

10　*Le Figaro*, 2012/7/12；*Time*, 2017/4/28；エイパックス・パートナーズ・ウェブサイト（https://www.apax.com/investments/consumer/，2020年5月10日アクセス）。

が上位100社の合計に占める割合は，65.8％に過ぎない。すなわち，ヨーロッパ企業のほうが，非ヨーロッパ企業よりも，平均的には売上規模が小さいのである。世界最大のLVMHがフランス企業であり，第3位のリシュモンと第4位のケリングもヨーロッパに本社を持つことを踏まえると，意外にも思える事実だが，これには，ランキングの51位以下にヨーロッパ企業が多数含まれることが関係している（50社のうち35社）。

　また，非ヨーロッパのラグジュアリー企業も，その多くはポートフォリオにヨーロッパのブランドを収めている。たとえば，アメリカの化粧品メーカー・エスティ ローダー（第2位）は，ジョー マローン ロンドン，エルメネジルド ゼニア，キリアンなど，所有するヨーロッパ・ブランドが約30にものぼる。日本において同社と競合する資生堂（第16位）も，自社ブランドをベースに発展してきた中で，2016年からはドルチェ＆ガッバーナのライセンスを取得した。アメリカの時計メーカー・モバード（第63位）も，スイスの時計ブランド・エベルを所有する。香港のトリニティ（第100位）も，イギリスの紳士服メーカー・ケント＆カーウェン（2008年）とイタリアのファッション・ブランドであるセルッティ1881（2011年）を買収し，繊維生産からファッションへと移行した経緯がある。

　ただし，非ヨーロッパ企業がすべて，このモデルに則っているわけではない。とりわけアメリカのファッション小売業者やアジアの宝飾品業者は，それぞれの市場にしっかりと根づいている。したがって，トップ100ランキングに入るには，

ヨーロッパのブランドを所有しなければならないということ
ではない。

　なお，トップ100にランクインしているヨーロッパ企業
74社に関して，売上高はフランス企業が圧倒的に大きいが
（全8社で，上位100社の総売上高の27.5％を占める。以下，次段落ま
で，（　）内の企業数と百分率について同様），企業数としてはイタ
リア（24社，14％），スイス（9社，12.3％），イギリス（9社，4.5
％）の順になっている。ヨーロッパのラグジュアリー産業は，
基本的にこの4カ国に拠点を置き，これらの国がトップ100
企業数の50％，総売上高の58％以上を占める。これ以外
には，ドイツ（5社，1.9％），オーストリア（1社，1.2％），ベ
ルギー（1社，0.2％），デンマーク（1社，1.4％），スペイン（4
社，1.3％），ルクセンブルグ（1社，1.6％），スウェーデン（1社，
0.1％）が続く。

　ヨーロッパ以外を含めても，ラグジュアリー産業はたった
10カ国ほどに集中的に存在するに過ぎない。主要な地域は，
アメリカ（14社，19.5％），中国・香港（9社，8％），日本（6社，
4.4％），インド（5社，2.8％）である。ただ，一部のアメリカ
企業を除いて，これらの国々の企業で海外においても存在感
を発揮している会社はほとんどなく，主に大規模な国内市場
を基盤として成長した企業群といえる。したがって，世界の
ラグジュアリー産業を代表する企業といえるかどうかには疑
問が残る。彼らのブランドは一般的に海外の消費者には知ら
れておらず，製品は国内の消費者を対象とした流通システム
を通して販売されている。典型的なケースとして，本書第7
章でもアジアのジュエリーや日本の化粧品を取り上げること

としよう。

3　商品別・国別の専門性

　ラグジュアリー産業の３点目となる特徴は，専門企業が多いことである。フランスのコングロマリット・LVMHとケリングが幅広い分野で活動していることを除けば，ラグジュアリー企業は特定分野の専業であることが多い。分野として主要なのは，ファッション (40社)，ジュエリー (18社)，時計 (13社)，化粧品 (8社) であり，この４つで80％近くを占める。

　また，こうした商品分野をめぐる専門性が，国別に分布する傾向にあることも特徴的である。時計メーカーはスイス，宝飾品メーカーの多くは中国やインド，靴・眼鏡のメーカーはイタリア，香水メーカーはアメリカといった具合である。ただし，ファッション企業だけは複数の国に存在する。イタリア企業とイギリス企業が多いものの，他のヨーロッパ諸国や，ブラジル，アメリカ，アジアにも分布している。

　ラグジュアリー産業が国別に専門性を有するという現象は，特定の産地に伝統的なノウハウがあることの反映というにとどまらない。技術移転に関する研究によると，知識は世界規模で循環し，企業が必要とする場所で開発されることがわかっている。[11] ラグジュアリー産業では，ものづくりの伝統が産地に根づいていることが大きな特徴になっており，その恩恵を受けている企業には明らかな競争優位がある。特定の国

で技術を保持・伝承することは，ブランド・ヘリテージを構築するという文脈で理解されなければならない。[12]ラグジュアリー企業は，このヘリテージをマーケティング戦略の一部とすることを目的に，ノウハウを永続させるための訓練や後継者育成プログラムに投資する。ただ，実際，高級品の製造に職人の手技がどのような役割を果たしているかは，きわめて微妙なテーマであり，まだあまり研究されてはいない。

また，国・地域においてものづくりの伝統を継承することに，制度的な枠組みが影響を与えている場合もある。一例に，19 世紀半ばに設立されたフランス・オートクチュールおよびファッション連盟 (Fédération de la Haute Couture et de la Mode) が定めた，オートクチュール・メゾンの新規参入ルールをあげることができる。この規則によって創造的な活動がパリ市内で行われるようになった結果，パリは世界のファッションの中心地であり続けることができた。[13]同様に，スイスの時計業界では，1971 年から "Swiss made" ラベルの使用を規制する法律が施行され，時計製造の大部分がスイス国内で行われることが義務づけられた。[14]原産地名称保護法制の確立は，ラグジュアリー産業に限ったことではないが，[15]前述の通り，この産業はマーケティング資源としてもその恩恵を受け

‖‖‖‖‖‖‖‖‖‖‖‖‖‖‖‖‖‖‖‖‖‖‖‖‖‖‖‖‖‖‖‖‖

11　Donzé and Nishimura（2014）。

12　本書第 3 章参照。

13　Pouillard（2016）。

14　Donzé（2019）。

15　Higgins（2018）。

ているのである。

　ラグジュアリー企業の高い専門性は，彼らが所有するブランドが特定の商品種別に集中していることを意味しない。製品の多様化は一般に見られる現象だが，それは多くの場合，他社との協力関係による。ただし，コングロマリットであるLVMHやケリングは，社内で多様化を行っている[16]。

　前章でも少し述べたように，1950年代から1980年代にかけて，ラグジュアリー企業，とりわけパリのオートクチュール・メゾンは，主にライセンス契約を通じて製品群を展開した。クリスチャン・ディオールやピエール・カルダンが，その好例である。親会社はファッション・デザインに集中する一方で，パートナー企業と何十もの契約を結び，多数のアクセサリーを市場に送り出した。この手法は1990年代以降，大幅に改革され，本社による管理が強化されたが，ライセンス生産の慣行がなくなったわけではない[17]。

　アクセサリーの下請生産の発達は，現代におけるラグジュアリー企業の専門化に大きく影響している。優れた製品開発力を有し，ファッション企業にアクセサリーを提供する企業が存在するのである。そうしたケースは，化粧品や香水のメーカーのみならず，時計・眼鏡などのライセンス生産を行う企業にも見られる[18]。たとえば，フォッシルはアルマーニやマイケル・コースの時計を製造しているし，ルックスオティカ

<hr>

16　本書第4章参照。

17　本書第3章参照。

18　Donzé（2017b）；Campagnolo and Camuffo（2011）。

はシャネルやティファニーの眼鏡を製造している。特定のノウハウに精通した企業は，そのことでラグジュアリー産業における存在感を発揮しながら，他のセグメントの製品を積極的に開発することができているのである。[19]

　専門性について最後に指摘すべきは，高級品メーカーが，ラグジュアリー以外の市場にほとんど関与しないという点である。これまで見てきたデロイトの調査によると，トップ100 企業の高級品売上高の合計は，総売上高の 89.3 ％を占める（2017 年）。また，ラグジュアリー以外の市場に進出しているのは 16 社に過ぎない。具体的には，LVMH・ケリングという二大コングロマリットのほか，日本の化粧品メーカーや，一般消費者向けの製品ラインを有する一部ファッション企業をあげられるのみである。

4　大企業の高い利益率

　以上をまとめると，次のようにいえるだろう。21 世紀初頭において，ラグジュアリー産業は，歴史あるブランドを有する新しい企業がその大部分を構成しているという意味で，新しい性格を帯びている。少数の支配的な企業への集中度が高く，ヨーロッパ（とりわけフランス，イギリス，イタリア，スイス）に強く根づいており，専門化の傾向が目立つ。

19　本書第 6 章参照。

最後に，収益性の問題を議論しておこう。ラグジュアリー産業は，大きな利益を生み出すことで知られている。どの企業の利益率が，最も高いのだろうか。非公開企業も少なくない中で，デロイトが77社の利益率を比較している。表2.3によれば，利益率と高級品の売上規模には非常に強い相関が見られる。ラグジュアリー企業は，規模が大きいほど利益率が高くなる。そうした企業は証券取引所に上場しているのが一般的であるため，高い利益率を上げることを主要な目的としているのである。

表 2.3　利益率の分布（2017 年）

利益率 ▶	10%超	5〜10%	0〜5%	0%未満	不 明
会社数	21	26	20	10	23
平均利益率	15.3 %	7.70 %	2.37 %	− 7.50 %	―
高級品の平均売上高 （百万ドル）	5,001.5	2,755.0	1,279.7	642.1	1,660.6

注：利益率は，売上高に対する純利益の割合を指す。
出典：表2.1に同じ。

第 3 章

❦

ブランド・ヘリテージに基づくマーケティング戦略

カルティエは，2018 年の推定売上高が 53 億ユーロを超える，世界有数のジュエリー・ブランドである。売上の約 3 割は時計によるもので，時計ブランドとしても，ロレックス，オメガに次ぐ世界第 3 位につけている。[1] このパリのジュエラーは，1960 年代まで，貴族をはじめとする上流階級の人々に向けて宝飾品を製造する，家族経営の小企業だった。そんな会社が，どのようにして数十年のうちに，ラグジュアリー産業における世界的リーダーの一角を占めるまでになったのだろうか。

決定的な契機は，南アフリカの大富豪アントン・ルパートが 1988 年に設立した，リシュモン・グループへの統合である。これにより，生産システムと世界規模の販売ネットワークを拡大する資本を確保することができた。しかし，カルティエに成功をもたらした要因は資金だけではない。大量生産のアクセサリーを高級品として販売することを可能にしたブランドの大変革も，非常に大きな役割を果たした。卓抜な伝統を継承する唯一無二の宝飾品を除けば，カルティエの売上は，広く知られている「LOVE」コレクションのリングやブレスレット，「トリニティ リング」，「タンク」「バロンブルー」などのウオッチ製品で占められている。

アクセサリーを販売すること自体は，近年に限られた現象ではない。カルティエも 20 世紀初頭から，スイスの時計メーカーと共同で，1904 年に「サントス」，1918 年には「タン

1　VONTOBEL（2018）。

ク」と，さまざまなモデルを発表してきた。ただ，1960年代までは，あくまでもクラシックなジュエリーが生産の主体であり，アクセサリーは補助的な位置づけに過ぎなかった[2]。ところが，こうした守旧的なあり方を堅持したことが，1960年代末に収益性と成長を阻害し始める[3]。

　そして1972年，ジョセフ・カヌイとアラン゠ドミニク・ペランを中心とする投資家・経営者グループが，同社の事業を引き継ぐこととなった。彼らは，翌年に「マスト ドゥ カルティエ」というラインを発表し，カルティエにアクセシブル・ラグジュアリーという新たな位置づけを与える戦略をとる。というのも，それ以前の1968年に，ペランが経営する会社がライター・時計等のアクセサリーをライセンス生産・発売したことが顧客層を広げ，利益が急増していたのだ。1970年代には，さらに「サントス」「タンク」をリニューアルしてストーリー性を加味し，時計メーカーとしての地歩を築いていった。メディアの眼前で模造時計を破壊するといったパフォーマンスも，ブランド・イメージを強固にした[4]。これらの商品群は，カルティエを象徴する存在となっていく。

　こうした強力なブランド構築は，買収によって得られた資本が可能にしたマーケティング戦略といえる。21世紀のカルティエは，もはや，20世紀初頭の作品とは本質的に関係のない商品を大量に生産・販売する製造企業であるといわざ

|||||||||||||||||||||||||||||||||||||||

2　NADELHOFFER（2007）。

3　*International Directory of Company Histories*, vol. 29（1999）。

4　DONZÉ（2017a）pp. 160–161.

るをえない。しかし，1980年代にラグジュアリー産業で展開された新しいマーケティング戦略が画期的だったのは，永続する伝統の物語に現代の工業生産を位置づけるという，まさにその点にあった。伝統は，アイコン（タンク）やシンボル（パンテール），メッセージ（Jeweller of kings, king of jewellers／王の宝石商，宝石商の王）など，選び抜かれたいくつかの要素を基礎にしている。この中には，ブランド史を彩る個性（たとえばアーティスティック・ディレクターを務めたジャンヌ・トゥーサン；ココ・シャネルの友人で，ルイ・カルティエの恋人でもあった）も含まれる。こうした人物が，ブランドの「ヘリテージ」（DNAと呼ぶ人もいる）を構成する。現代のラグジュアリー・ブランドは，世界市場を制覇するために，この新しいコンセプトに基づいて再構築されているのだ。

1 歴史，ヘリテージ，ストーリーテリング

　現代のラグジュアリー産業は，物語と商品の上に成り立っている。物語は，ブランドの魅力を引き出す言説として基盤を形成し，商品は，その物語を物質的に具現化し，価値を生み出す。そして，物語と商品の相互作用を可能にするのが，ブランドのバックグラウンド，すなわち「ヘリテージ」である。

　ラグジュアリー産業において，ブランド・マネジメントという取り組み自体は，決して新しい戦略ではない。他の消費財と同様，それは19世紀末に，工業化と流通網の拡大に

伴って始まった。[5] ブランドを導入すれば，ブランド・マネジメントをせざるをえない。ただ，ラグジュアリー産業が歴史をマーケティング資源として活用するようになったことは，1980年代から1990年代にかけて起こった大きな変化だった。ラグジュアリー・ブランドは，歴史的伝統を継承し守護する。その連続性が，高級品市場における彼らのポジショニングを大いに正当化している。

このように，企業がブランド・マネジメントに歴史的要素を組み入れ，それが付加価値を生むプロセスを明らかにしようと考案されたのが，経営学分野における「ブランド・ヘリテージ」という概念である。[6] スウェーデンの経営学者たちは，この概念を次のように定義する。

　　　出自，古い起源，コア・バリュー，シンボルの使用，またとりわけ，自らの歴史を重視するという組織信条に見出せる，ブランド・アイデンティティの一側面。[7]

ここからわかるように，ヘリテージという概念は，歴史に対する客観主義的な見方に基づくものである。[8] 結果としてラグジュアリー・ブランド・マネジメント研究は，そのほとんどが，ビジネス・リーダーがいかにヘリテージを特定し管理

|||||||||||||||||||||||||||||||||||||||||

5　LOPES（2007）。

6　HAKALA, LÄTTI and SANDBERG（2011）; WIEDMANN *et al.*（2011）。

7　URDE, GREYSER and BALMER（2007）p. 4.

8　HALL（1980）。

するかという，純粋に応用的な目的から行われてきた。

　しかし，ある原理を思い出すべきである。つまり，過去を体現するものとしての歴史は，それ自体が存在するわけではなく，観察者によって社会的に構築されたものに過ぎない。したがって，ヘリテージは過去を正確に表したものではない。イギリスの歴史学者エリック・ホブズボームとテレンス・レンジャーの有名な言葉を借りれば，それは「創られた伝統」である。ヘリテージは，過去と強く結びついた要素をさまざまに含む，構築された物語である。ラグジュアリー・マネジメント界の教祖的存在であるカプフェレとバスティアンは，次のように述べている。

　　　　重要なのは，単なる歴史ではなく，その歴史に基づいてつくられる神話であり，ブランドを社会的な理想に押し上げる源泉となるものである（略）もし歴史がないのであれば，それはつくり出されなければならない。

　ヘリテージの構築と，それに基づいたブランド・マネジメントに用いられる物語の手法のことを，ストーリーテリングと呼ぶ。聴衆を惹きつけるストーリーテリングは，1980年代にアメリカの政治学界で概念化され発展した手法で，その

||||||||||||||||||||||||||||||||||||

9　　MARROU（1954）。

10　　HOBSBAWM and RANGER（1983）。

11　　KAPFERER and BASTIEN（2009）p. 93.

12　　SALMON（2007）。

後，経営など他の分野にも導入された。[12] ラグジュアリー産業においても，強固なイメージと情感に訴える物語に基づいてグローバル・ブランドを創成するのに欠かせない，きわめて重要な取り組みとなった。

　図3.1で，ブランド・マネジメントにおける「歴史」「ヘリテージ」「ストーリーテリング」の関係を振り返っておこう。企業やブランド，クリエイターの歴史は，過去のものである。それらをめぐる諸事実は，入手可能な情報源（史料，商品，証言など）に基づいて，部分的に解明・解釈するしかない。ブランド・アイデンティティを確立するために企業は，自社の歴史から限られた要素を選択し，歴史的ではない要素とも組み合わせて，ヘリテージをつくり上げる。ブランド・マネジャーは一般的に，そうしたさまざまな要素のことをブランド

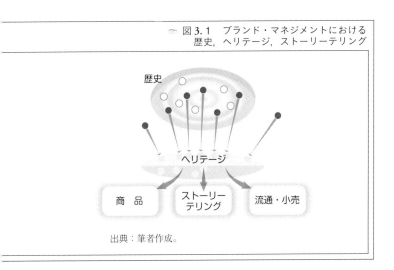

⌒ 図3.1　ブランド・マネジメントにおける
歴史，ヘリテージ，ストーリーテリング

出典：筆者作成。

のDNAと呼ぶ。ヘリテージの構築プロセスについては，人類学者クロード・レヴィ゠ストロースやバーナード・クレッタズの文化的アイデンティティ研究を参照するとよい。とくに後者は「ブリコラージュ」という概念を提唱し，アイデンティティというものがいかに，過去から脈絡なく取り上げられた要素と現在の文化的アイデンティティにとって意味のある同時代的要素との組み合わせで成り立っているかを示している。[13]

　ヘリテージによって，商品制作（アイコンとなる製品の定番化などを通じ，ヘリテージを物理的に体現させる），ストーリーテリング（メディアや博物館，イベント等で自社について何を語るか），流通・小売（店舗での演出や顧客体験）という，3つの主立った活動の調整が可能になることからも，ラグジュアリー産業においてヘリテージは特有の管理を必要とするマーケティング資源である。このように歴史，ヘリテージ，ストーリーテリングを区別すると，経営学者による客観主義的なアプローチを超えて，ラグジュアリー企業が歴史を資源として管理するということへの理解を新たにすることができる。

　ヨーロッパのラグジュアリー企業は，1980年代から1990年代にかけ組織改編やグローバル展開を行っていく中で，新たにヘリテージに基づくブランド戦略を採用した。この戦略により，強力なブランド・アイデンティティを示し，世界中の消費者に一貫した商品とストーリーを提供できるように

13　LÉVI-STRAUSS（1962）：CRETTAZ（1993）。

なった。この戦略は，大多数のラグジュアリー企業が，超富裕層のニッチ市場ではなく，中間層を含むより広範な社会グループを対象とし始めたことで，必要性の高まったものである。彼らはマスコミュニケーションせざるをえなくなった。ヘリテージによって工芸品の伝統が継続していると主張することが，高級品を工業生産するという矛盾を克服し，高い付加価値を担保する。そこで次節以降で，オートクチュール・メゾンであるクリスチャン・ディオールが，ヘリテージに基づく新しいブランド戦略をどのように実行したかを分析しよう。[14]

2　クリスチャン・ディオールの事例

　ディオールは，現代において最も価値のあるラグジュアリー・ブランドの1つである。インターブランドが発表した2017年の世界トップ100ブランド・ランキングでは，ファッション分野からルイ・ヴィトン，エルメス，グッチ，バーバリー，プラダと並んでランクインした。[15]

　この年まで，ディオール・ブランドの経営は2社に分かれていた。ファッションとアクセサリーはクリスチャン・ディオール・クチュール（CDC）の，香水と化粧品はパル

14　DONZÉ and WUBS（2019）；JONES and POUILLARD（2009）。

15　INTERBRAND（2018）。

第3章　ブランド・ヘリテージに基づくマーケティング戦略

ファン・クリスチャン・ディオールの事業であった。両社とも LVMH の傘下にはあったものの，前者（CDC）は LVMH の主要株主になっている金融会社の子会社であり，後者は LVMH の子会社だった。[16] したがって，CDC が発表していた経営データに香水や化粧品が含まれないことには留意が必要である（同社は，LVMH 設立の 1987 年以降，データが揃う数少ない企業だった）。ただ，2017 年に LVMH がブランドを買収してから，組織が一本化された半面，売上高も公表されなくなっている。

1990 年代以降の CDC の驚異的な成長は，前章で見たようなヨーロッパのラグジュアリー産業の変貌を象徴するものである。その売上高は，1992 年の 1 億 200 万ユーロから，2000 年には 2 億 9600 万ユーロに，2015-2016 年には 19 億ユーロ近くにまで増加した（図3.2）。

この成功は，1990 年代後半に実行に移された新しい戦略によって，企業の性格を根本的に変質させた結果といえる。この変革以前，1992 年から 1995 年までの平均売上高は 1 億 3200 万ユーロ，売上高営業利益率は 15 ％を超えており，高い収益性を誇る小企業という位置づけだった。それが 20 年も経たないうち，高い収益性はそのままに，同社は大企業になった。2012 年以降も利益率は 10 ％を超えているが，営業利益額は 1990 年代前半の 20 倍にも達する。

CDC は今やキャッシュ・マシンであり，財務的な成功事

16　本書第 4 章参照。

例である。しかし，それには時間と多額の投資が必要とされた。実際，1997～2001 年は持続的な成長のダイナミズムを取り戻すための過渡期であり，世界金融危機の影響を受けた2008～2010 年に並んで収益性が低かったのである（平均利益率 2.5 ％）。

こうした拡大の中心となったのが，ヘリテージ戦略である。ただ本節では，まず，ヘリテージの構築・管理という変革のプロセスが実現した背景を説明しよう。その変革を下支えし

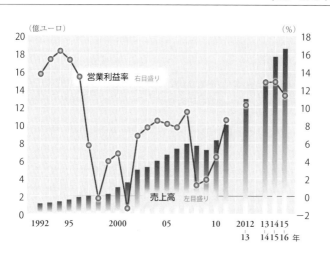

〜 図 3.2　クリスチャン・ディオール・クチュールの売上高と営業利益率
（1992～2016 年）

注：会計年度は，2011 年までは暦年，2012-2013 年は 5 月始まり，2013-2014 年以降は 7 月始まりに変更された。本図には，2012年 1～4 月および 2013 年 5～6 月のデータが含まれていない。

出典：Christian Dior Couture, "Rapports annuels".

たのは，販売ネットワークへの投資，アクセサリーによる多角化へのコントロール強化，スター・デザイナーの起用という3点である。

第1に，1990年代初頭まで，ディオールの洋服やアクセサリーは，百貨店を中心とする独立の小売店で販売されていた。パリのモンテーニュ通りやニューヨークなどに自社所有の大型店舗も展開してはいたものの，それらは例外で，たとえば1992年に小売業の売上高が全体に占める割合は28.2％に過ぎなかった。しかしその翌年，会長のベルナール・アルノーが，成長には「ブティックのネットワーク構築」が必要と発言[17]，それを受けてCDCは世界各地に販売子会社を設立し，製品を直輸入・販売する体制へと切り替えていく。マレーシア，モナコ (以上1994年)，香港 (1995年)，シンガポール (1996年)，日本，台湾，韓国 (以上1997年) と，1990年代を通じて現地小売店との契約を次々と破棄し，代わりにモノ・ブランド・ストアを何十店もオープンした。この点に関する情報が初めて公開された1999年には，73店舗を数えるに至っている。

図3.3から，この新しい流通戦略の影響を見て取ることができる。同社の売上高に占める小売の割合は，1997年に50％の大台を突破し，2000年には71.7％に達した。店舗数も，世界金融危機までは成長を続け，2008年と2009年

17　Christian Dior Couture, "Rapport annuel," 1993, p. 8.

18　MOORE and DOYLE（2022）。

に237店舗のピークを迎えた（その後，不採算店舗の閉鎖により若干減少し，2016年に200店舗）。1店舗当たりの平均売上額も，2000〜2008年は220万〜270万ユーロの間を変動していたが，2011年には400万ユーロ，2015〜2016年には880万ユーロにまで増加している。このことからわかるように，前述の売上高に占める小売の割合は2000年以降も拡大し続け，2013-2014年以降は90％を超えるまでになった。

　ヨーロッパのラグジュアリー・ブランドの世界展開に，モノ・ブランド・ストアが果たす役割は大きい。[18]CDCは1994年の年次報告書において，その役割を次のように述べている。

　　今回のネットワーク展開は，クリスチャノ・ディオー

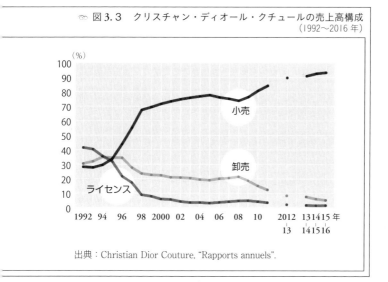

◎ 図3.3　クリスチャン・ディオール・クチュールの売上高構成
(1992〜2016年)

出典：Christian Dior Couture, "Rapports annuels".

ルのお客さまに，ブランドのプレステージを強化するラグジュアリーなブティックを提供したいという要望に応えたもので，とくにレディースのプレタポルテやアクセサリー分野では，ブランドのブティックでのみ購入可能な限定商品の販売を拡大することを目的としている[19]。

　ブティックは単なる販売拠点ではなく，ブランドの価値を消費者に伝える役割を担っているのである。後述するようにブティックは，そのものがブランドのストーリーテリング戦略に組み込まれている。

　第2に，製品の多様化に対する統制が強化された。1950年代から1990年代初頭まで，クリスチャン・ディオールの国際的な展開は，ライセンス契約とディオール・ブランドの多種多様なアクセサリーの現地生産に大きく依存していた[20]。しかし，この手法は，イメージ・コントロールや世界市場における強力なブランド構築に課題を抱えていた。

　やはり1990年代初頭に，前出のアルノーは，製品の多様化を監修する意向を表明した。その目的は，アクセサリーの製造・販売をやめることではない。アクセサリーはブランドの重要な収益源であり，顧客層の拡大を可能にするアイテムである。1995年に発売されたレディ ディオールのハンドバッグは世界的に大成功を収めたが，これなどは，アクセサ

|||||||||||||||||||||||||||||||||||||||

19　Christian Dior Couture, "Rapport annuel," 1994, p. 13.

20　OKAWA（2008）。

リーを通して多様化戦略が奏功すればいかに大きな財務的効果がもたらされるかを示す好例である。

　したがって課題とは，ディオールというラベルを付けて世界中で販売されている製品のコントロールを取り戻し，ブランドの伝統に適ったグローバル戦略へと統合することだった。そこで同社は，ヨーロッパではレディースのプレタポルテ（1994年），アメリカではメンズウェアと革製品（1995年），日本ではプレタポルテとアクセサリー（1998年），ランジェリーとパンティストッキング（2002年）について，ライセンス契約を解除していった。その結果，売上高に占めるライセンス収入の割合は，1992年の41.1％から2000年には5.1％へと急減した。

　さらに2000年以降，CDCは，ブティックで販売するファッション・アクセサリーの「戦略的ライセンス[21]」を徐々に拡充していった。イタリアのサングラス・メーカー，サフィロの少数株主となり（2001年），ドイツの宝飾品メーカーを買収（2005年），各種高級ファッション・アイテムのデザインを手がけるジョン・ガリアーノ社の資本87％を取得した（2008年）。

　これには，LVMHへの統合も影響している。同じコングロマリット傘下の企業の専門知識を活用できるようになったからである。たとえば1990年代末に行われたスイスの時計ブランド数社の買収によって，内部化された時計のデザイン

————————————————
21　Christian Dior Couture, "Rapport annuel," 2003, p. 15.

ディオールのさまざまなアクセサリー
出典：iStock.

および製造機能が，ディオールからヴィトンに至る同グループ内の複数のファッション・ブランドに提供されるようになった。2001年，LVMHはスイスにAteliers Horlogers SA（時計工房会社）を設立し，この機能を担わせている[22]。

　こうした結果，アクセサリーの生産はすべてが内製化されたわけではないが，パリ本社の厳格な管理のもとに置かれるようになった。1996年，CDCは次のように説明している。

　　　ライセンシーとの緊密なコラボレーションにより，スタイルの一貫性を高め，クリスチャン・ディオールを象徴するテーマをアクセサリーに使用したことが，大きな成功につながった（たとえば，サングラスに「カナージュ」柄を施すなど）[23]。

|||||||||||||||||||||||||||||||||||||||||

22　*Le Temps*, 2001/9/14.

23　Christian Dior Couture, "Rapport annuel," 1996, p. 13.

　最後の第3は，新世代のスター・デザイナーの採用である。1994 年にアルノーは，「クリエイティブ・チームの強化と刷新」の必要性を強調している[24]。1989 年からディオールのアーティスティック・ディレクターを務めていたイタリアのクチュリエ，ジャンフランコ・フェレは，クリスチャン・ディオール自身やその後継者マーク・ボーハンの伝統を受け継いで，クラシックなオートクチュールやプレタポルテを制作していた。しかし，そうしたポジショニングでは，世界のラグジュアリー市場に向け強力にブランドを打ち出すことは難しい。そこでアルノーは 1996 年，1 年前に同じ LVMH 傘下のブランド，ジバンシィの経営を任せたイギリス人デザイナー，ジョン・ガリアーノをアーティスティック・ディレクターに任命した。ガリアーノのエキセントリックな性格と，ショーやメディアにおける挑発的で因習破壊的な個性（彼はフランスで「ポルノ・シック」を広めた 1 人でもある）は，ディオールのイメージを大きく変え，現代的なファッションと美感を表現するのに貢献したのである[25]。2000 年に，アルノーはこう説明した。

　　ジョン・ガリアーノは，紛れもなくファッションに新しいビジョンをもたらし，そのスタイルはスタンダードとなった。商業的な成功を収めるのに時間はかからず，

‖‖‖‖‖‖‖‖‖‖‖‖‖‖‖‖‖‖‖‖‖‖‖‖‖‖‖‖‖‖‖‖‖‖‖

24　Christian Dior Couture, "Rapport annuel," 1994, p. 3.

25　DUGGAN（2001）。

彼の登場以来，女性用プレタポルテの売上は急激に増加している。[26]

　ガリアーノ自身も同年，フランスのジャーナリストに対し，自分のショーはブランド店にはまだ存在しないがメディアに大きなインパクトをもたらす「極端なアイデア」[27]をファッションに持ち込むのが目的と語っている。ただ，その成功にもかかわらずガリアーノは，2011年にパリの飲食店で人種差別的・反ユダヤ主義的な発言をしたことがスキャンダルとなり，ディオールを解雇された。[28]この天才がブランドにダメージを与えた後，ディオールは，ベルギー人デザイナーのラフ・シモンズを後任に指名（2012年），さらに2016年には，アクセサリーが専門で，フェンディやヴァレンティノでも活躍した，イタリアのマリア・グラツィア・キウリを採用している。

　ディオールの変革に貢献したデザイナーは，ガリアーノだけではない。1998年，シャネルでキャリアを積んだヴィクトワール・ドゥ・カステラーヌが，ジュエリー部門の初代アーティスティック・ディレクターに就任した。種々のライセンス契約が終了し，パリ本社がアクセサリーの生産管理を再開する時期に，ディオールのジュエリー制作を担うことになった人物である。2001年にはヴァンドーム広場に，彼女

26　Christian Dior Couture, "Rapport annuel," 2000, p. 4.

27　*Les Echos*, 2000/5/18.

28　*The Guardian*, 2011/9/8.

の手になるジュエリー・ブティックを開店している。

　また，その1年前の2000年には，メンズ・ラインのディレクターとして，アバンギャルドな作風のエディ・スリマンをイヴ・サンローランから移籍させた。同役はその後2007年，アシスタントのベルギー人デザイナー，クリス・ヴァン・アッシュが交代している。

　このようにCDCは，フランスやイタリアの大手ファッション・ハウスに所属する前衛的なデザイナーを何人か，その狭いコミュニティから採用した。彼らは「生粋の」クリスチャン・ディオール・スタイルを維持しなかった代わりに，芸術的表現としてのファッションの推進者というディオールのイメージを強化する，創造的な活動を展開した。アルノーは2001年に再び，デザイナーの役割を強調している。

　　　クリスチャン・ディオールは，若くて洗練された顧客の期待に応える創造的かつきわめて高品質な製品により，商業的に圧倒的な躍進を遂げた。今日のファッション界における最大のサクセス・ストーリーであることは間違いない。[29]

||||||||||||||||||||||||||||||||||||||||||||

29　Christian Dior Couture, "Rapport annuel," 2001, p. 4.

3 ディオールのヘリテージ構築

　1990年代に入ってからのディオールの驚異的な拡大は，クリエイション，アクセサリーへの多角化，流通システムなどをパリ本社で集中管理するという，徹底した企業変革によるものだった。同社は過去と決別することで，世界市場で強力なブランドを形成した。このプロセスにおいて，伝統はどのような役割を果たしたのだろうか。ディオールの経営者たちは，ブランドを首尾一貫した魅力的な物語の中に埋め込むヘリテージ戦略を実行するために，自社の過去をどのように利用したのだろうか。

　アルノーをはじめとしてCDCの経営陣が常に主張しているのは，時代を超えたディオール・ブランドの継続性と，そのヘリテージの永続性である。1990年代以降，ブランドを構成する主要な価値は，華やかなエレガンス，スタイルの現代性，そして芸術性の高い創作における革命的な個性にあるとされてきた。これらの価値観は，広告や実店舗を通じて，またクリスチャン・ディオール生誕100年（2005年）や，会社設立60周年（2007年），70周年（2017年）といった大規模イベントによって，一般の人々に伝えられる。こうしたイベントは，しばしば，ブランドが提示するストーリーテリングに正当性を与えるような，権威ある美術館によって主催されるのだ。1990年代には，北フランスにあるクリスチャン・ディオール邸も美術館としてオープンした。2006年に，アルノーはこう述べた。

　　1947年の創設以来，メゾンを支えてきたエレガンス
　と革新という価値観は，創造性と究極の品質を求める世
　界に，これまで以上に力強く響き渡っている。クリスチ
　ャン・ディオールは，自らのファッションを五大陸に輸
　出するという野心を抱いていたが，現在その手は新たな
　顧客へと広がり，格調高く洗練された空間で卓越した製
　品を提供している[31]。

　しかしながら，ファッション分野において芸術的創造とい
う伝統を一貫して発揮してきたという同社の言説は，歴史的
事実と部分的にしか一致しない。ここでは，ヘリテージの筋
を通すために過去がブリコラージュされている。ディオール
は，ヘリテージ構築のプロセスを分析するのに理想的な存在
なのである。

　そもそもクリスチャン・ディオール自身が，ファッション
分野で革命的な芸術的創造をなしたクチュリエではなかった
ということを忘れてはならない。彼のショーは，世間に衝撃
を与えたり，メディアで耳目を集めることを目的にはしてお
らず，富裕層の顧客にアピールするものだった。彼は保守的，
もっといえば反動的ですらあった。フェミニストのジャーナ
リスト，フランソワーズ・ジルーは次のように述べている。

|||||||||||||||||||||||||||||||||||||||||||||

30　　PRONITCHEVA（2018）。

31　　Christian Dior Couture, "Rapport annuel," 2006, pp. 2-3.

　彼は変化を嫌い，閉じた庭，閉じたベッド，母性的な女性，自分が守られていると感じさせるもの，すべてを愛していた。洗練されたフランス人らしい節度ある趣味を持ち，少なくともファッションにおいては異国情緒を嫌っていた。[32]

　彼の世界は，ガリアーノによる突飛なそれとは無縁のものなのである。

　1905年生まれのクリスチャン・ディオールは，パリのオートクチュール・メゾンである Robert Piguet や Lucien Lelong に勤めた後，第二次世界大戦後に繊維王マルセル・ブサックから資本を得て，自らの会社を立ち上げた。[33]1947年に発表した最初のコレクションが，アメリカのジャーナリストに「ニュールック」と評され，世界的に有名になる。人々に禁欲的な生活を強いた戦争が終わったタイミングで，ゆったりとしたスカート，タイトなウエスト，丸みを帯びた肩のジャケットという，女性の身体を強調するスタイルを提案し，戦間期にファッションにおける女性の解放を目指したココ・シャネルなどの前衛芸術家たちからは批判を浴びた。[34]このことからも，ディオールが革命的なクチュリエではなく，ブルジョワの顧客の期待に応えるデザイナーであったことがわかる。

‖‖‖‖‖‖‖‖‖‖‖‖‖‖‖‖‖‖‖‖‖‖‖‖‖‖‖‖‖‖‖‖‖‖‖‖‖‖‖

32　GIROUD (1987), unpaginated.
33　JONES and POUILLARD (2009)。
34　STEELE (1998)。

その後CDCは，ヨーロッパ，アメリカ，ラテンアメリカ，日本において高い収益を上げ，大きく発展した。1950年代初頭，パリのファッション界で従業員を最も多く抱えるまでに成長した同社のビジネスモデルは，本書でも何度か見てきたように，パリでオートクチュールを制作し，ライセンス契約によって海外市場に参入するというものだった。

1957年にディオールが急逝すると，アシスタントのイヴ・サンローランがアーティスティック・ディレクターに着任した。モダニストのサンローランは，師とは正反対で，新しいファッションの形を模索していたが，彼の過激なアプローチがディオールの伝統的な顧客層に受け入れられることはなかった[35]。サンローランは1960年にCDCを去り，自らのメゾンを開くことになる。

サンローランの後任には，パトゥでキャリアをスタートさせたクラシックなクチュリエ，マーク・ボーハンが就いた。1989年までアーティスティック・ディレクターを務めたボーハンは，ディオールが確立したモデルを継続・発展させた。すなわち，パリのオートクチュールとプレタポルテに活動を集中させるとともに，世界中にライセンスを展開して国際的な成長を強化し，後者を主な収益源としたのである[36]。

しかし1968年，CDCのオーナーだったブサック・グループは，香水部門をパルファン・クリスチャン・ディオールと

||||||||||||||||||||||||||||||||||||||||||

35　MENDES and DE LA HAYE（2010）。

36　OKAWA（2008）。

して分離・独立させ，資本の 50 ％をシャンパン・メゾンのモエ・エ・シャンドンに売却する（1971 年には出資比率が 70 ％にまで引き上げられた）。これは，ブサックが繊維事業の赤字補塡に資金を必要としたためであったが，結局倒産を免れることはできず，1984 年に同グループを買収したのがアルノーなのである。彼の目的は，ブサックが所有していた CDC と百貨店ル・ボン・マルシェだった。アルノーは，カール・ラガーフェルドが 1983 年に社長に就任してから，シャネルが成功したことに刺激を受けていたという。[37]

　1989 年にアルノーは，イタリア人デザイナーのジャンフランコ・フェレを新しいアーティスティック・ディレクターに任命し，ボーハンのようにオートクチュールやプレタポルテだけでなく，ブランド全体を任せることにした。1996 年まで任に当たったフェレは，華やかなファッション・ショーでオートクチュール作品を発表し，レディ ディオールのバッグなどアイコニックなアクセサリーを発表して，ブランド・イメージを一新する。彼にはアクセサリー部門のディレクターが補佐についた。1992 年に新設された同部門は，金融の専門家が統括していたのである。[38]とはいえ，1991 年の上場後も同社は伸び悩んだ（図 3.2）。突破口となったのは，1996 年のジョン・ガリアーノ入社であった。

　ガリアーノの登場は，ヘリテージの構築によって生じた新

||||||||||||||||||||||||||||||||||||||||||

37　DONZÉ and WUBS（2018）。

38　*Les Echos*, 1992/5/4.

たな言説に呼応するものだった。曰く，ディオールは創業当
時からファッションにおける芸術的創造を体現し，以後も世
界中でそうあり続けている。創業者ディオールも，革命的な
クチュリエとして描かれた。2020年現在，同社の歴史を紹
介するウェブサイトは，次のような文言で始まっている。

> クリスチャン・ディオールは，1947年に最初のコレ
> クションを発表し，世界のエレガンスの規範を変えた。
> そのビジョンは，大胆さと創造性をもって今日も受け継
> がれている。[39]

ブランドのストーリーテリングにより，創業時の要素（バー
スーツとニュールック）が，以降すべての活動の基礎とされ
たのである。

> 誕生から60年以上経った今も，ニュールック革命と
> その精神はディオールにインスピレーションを与え続け
> ている。ニュールックは永遠の革命である。[40]

革新的な芸術的創造というヘリテージは，シンプルで力強
いメッセージを発し，魅力的なグローバル・ブランドとして

‖‖‖‖‖‖‖‖‖‖‖‖‖‖‖‖‖‖‖‖‖‖‖‖‖

39　ディオール・ウェブサイト（https://www.dior.com/couture/fr_fr/la-maison-dior/depuis-1947，2020年5月25日アクセス）。

40　ディオール・ウェブサイト（https://www.dior.com/couture/fr_fr/la-maison-dior/dior-en-histoires/la-revolution-du-new-look，2020年5月25日アクセス）。

ディオールをきわめて優位な地位に押し上げた。ガリアーノも，その仕事は本質的にはディオールの古典作品を解体するものであったにもかかわらず，キャリアの早い段階からディオールの後継者を自称し，バースーツの現代版を発表するなどしていた。こうした取り組みは，彼の後を襲ったディレクターたちにも引き継がれている。

　さらに1985年，CDCは，1947年以降に使用・制作されたデザイン画や作品を保存するアーカイブ部門の設立を決定した。後に「ディオール・ヘリテージ」と改称されたこの部門は，ガリアーノ以降のアーティスティック・ディレクターたちが，ディオールの過去作品を参照してさまざまな要素や意匠を引き出し，現代の作品に活かすことを可能にしている[41]。2017年にパリ装飾芸術美術館で開催された創業70周年記念の展覧会も，現在同社が「ニュールック」をどう演出しているかを示す，わかりやすい事例といえる。来館者が各展示室に進む前，メインホールにまず展示されていたのが，ほかならぬバースーツだったのである。

　そして店舗自体も，ブランドのヘリテージを体現して変わっていった。1950年代から1970年代までは，パリ店の古典的なルイ16世様式を再現しようとしていたが，1990年以降にオープンした新しいモノ・ブランド・ストアは，現代アートを積極的に取り入れている[42]。1990年代半ばには，モダ

llllllllllllllllllllllllllllllllllll

41　*New York Times*, 2010/11/8.

42　Dufresne（2006）。

ンアート界・ラグジュアリー界で著名なアメリカの建築家ピーター・マリノに，店舗インテリア・デザインのリニューアルを委嘱した。

4 歴史の資源化から グローバル・ブランドへ

　本章で紹介したクリスチャン・ディオールの事例は，1980年代から1990年代にかけて，ヨーロッパのラグジュアリー産業がグローバルに拡大し，ビッグ・ビジネスへと転換していった背後に，ブランド・ヘリテージという新たな資源の活用があったことを示すものである。アイデンティティをブリコラージュして構築されたヘリテージは，ブランドが展開する物語と商品との間に強い一貫性をもたらす。シンプルでキャッチーなメッセージは，製品によって具現化され，時に著名人アンバサダーによって伝えられ，特定の顧客層に向けられることによって，世界市場における強力なブランド形成を導いたのである。

　このことは，今ではますます重要になっている。1990年代以降，ラグジュアリー企業の成長は，消費の民主化に依存してきた。高級品の生産者と付き合いの深いアッパー・ミドル・クラスの上得意相手だったビジネスが，大量消費へと移行していくのに伴って，シンプルかつ一貫したメッセージを伝えるブランドが必要になったからである。

第 2 部

❦

グローバル・ラグジュアリー産業のアクターたち

第 1 部では，ラグジュアリー産業に起こった変革を議論した。このプロセスをどのようにたどったかは，各社さまざまである。

　そこで，この第 2 部において，ラグジュアリー産業に展開する主立った組織モデルを紹介していくこととしよう。それらは，コングロマリットと，独立系企業，工業グループ，地域に根ざした企業，新しい企業という，5 つに分類される。

　はじめに第 4 章で，LVMH ほかのコングロマリットの形成と発展について分析する。コングロマリットは，この業界の中心的な企業群である。第 5 章以降では，他の 4 タイプを 1 つずつ取り上げていく。それぞれ，ガバナンスや，製品特性，ラグジュアリー産業以外でのプレゼンスなどに特徴のあることがわかるだろう。

第 **4** 章

コングロマリットの圧倒的な存在感

　LVMH，リシュモン，ケリングは，世界のラグジュアリー産業を支配する多角的なコングロマリットである。2017年には，ラグジュアリー企業トップ100ランキングで，順に第1位，第3位，第4位となり（第2位はアメリカの化粧品メーカー・エスティ ローダー），3社の売上高を合計すると約530億ドル，トップ100社の売上高の21.5％を占めた（表2.1）。

　この3社は，規模だけでなく，ビジネスモデルという点でも重要な意味を持つ。彼らが1990年代に採用した戦略・組織・マネジメント手法は，ラグジュアリー産業に大きな変革をもたらし，ファッション・化粧品・時計・ジュエリーなど，より高い専門性を有する中小企業のモデルにもなった。しかし，1980年代から1990年代にかけて起きた，これらのグループの誕生と成長を取り上げた先行研究は多くなく[1]，そのプロセスが十分に解明されたとは言い難い。また，多角的な事業活動を統合することがもたらした競争優位とは何なのかも，改めて問われる必要があるだろう。

1 LVMH

　フランスのLVMH（モエ・ヘネシー・ルイ・ヴィトン）グループは，今日のラグジュアリー産業において，紛れもないリーディング・カンパニーである。同社は1987年，世界規模で

1　CHATRIOT（2007）；BONIN（2012）。

の持続的な成長を目指して資金を必要としていた 2 社が合併
し，誕生した。[2] 2 社ともに，もともとは家族経営の小企業で
ある。

1 社目は，旅行用品・革製品メーカーのルイ・ヴィトンで，
1980 年代初頭に驚異的な成長を遂げていた。同社の売上高
は，アジア市場への浸透の結果 (1981 年は全体の 17 %，1985 年
は 44 %)，1981 年の 5170 万ユーロから 1985 年の 2 億 1340
万ユーロへと急増したのである。[3] 1986 年には，その利益を
再投資して，複数のシャンパン・ブランドを所有するヴー
ヴ・クリコとパルファム ジバンシイを買収していた。

2 社目のモエ・ヘネシーは，1971 年に，シャンパン（モ
エ・エ・シャンドン）とコニャック（ヘネシー）の生産者が合併
して設立された企業である。モエ・エ・シャンドンは，それ
以前にも他のシャンパン・メーカーを買収した実績があり
(1962 年にルイナール，1970 年にメルシエ)，1971 年には RoC と
パルファン・クリスチャン・ディオールも買収して，化粧品
にも手を広げていた。

1987 年の合併は，高級香水とシャンパン部門の統合の一
環として，フランスの金融機関 2 行（ラザード フレールとパリ
バ）から資金援助を受け実現した。ただし合併後も，元の 2
社のオーナーは，特別な議決権を付与された優先株により，
依然 LVMH の支配権を保持していた（37 %の資本所有に対して

||||||||||||||||||||||||||||||||||||||||||||||

2 Eveno (1999)；Bonin (2012)；Donzé and Wubs (2018)；LVMH, "An-
nual reports".

3 Louis Vuitton SA, "Annual reports," 1981–1985.

55％の議決権を保有）。

　ところが，LVMHの少数株主であったベルナール・アルノーは，アイルランドのギネスに資金援助を受け，モエ・ヘネシーのパートナーと対立していたルイ・ヴィトンの社長アンリ・ラカミエから株式を買い取ることに成功する。アルノーは，こうしてLVMHの経営権を握った。[4] 彼は数年前の1984～1985年からすでにオートクチュール・メゾンのクリスチャン・ディオール（CDC）を所有する繊維業のブサック・グループを買収，1987年にはさらに革製品メーカーのセリーヌも買収し，服飾メーカーのクリスチャン・ラクロワにも出資していた。[5] アルノーは，フランスの高級ブランドを1つのグループに統合しようとしていたのである。とはいえ，設立当初のLVMHは，ファッション，シャンパン，コニャック，香水などを組み合わせた純フランス的な事業体であった。1991年には，グループ従業員の66.8％がフランスで勤務していた。

　図4.1に，アルノーが買収した当時のLVMHの組織を示す。この買収には2つの特徴があった。第1に，新オーナーの買収および支配戦略は，20世紀後半にフランスやイタリアで見られた地中海型資本主義の典型である。[6] アメリカのように金融市場へ大きく依存せず，多数の仲介者（Arnault & Associés, Financière Agache, Jacques Rober）を介してピラミッ

||||||||||||||||||||||||||||||||||||||||

4　LOPES（2007）。
5　EUROSTAF DAFSA（1987）。
6　BONIN（2012）；COLLI and VASTA（2015）。

ド型の組織構造を構築した。この構造により，企業家が1人で資本の大半を直接所有しなくとも，企業をコントロールすることが可能になっている。とはいえ，組織の各階層において少数株主となる出資者を見つけるのには困難が伴ったが，前出のギネスやフランスにおいても数行が，アルノーのプロジェクトに魅かれて支援を申し出た。第2に，新会社

~ 図 4.1　LVMH の組織（1987 年）

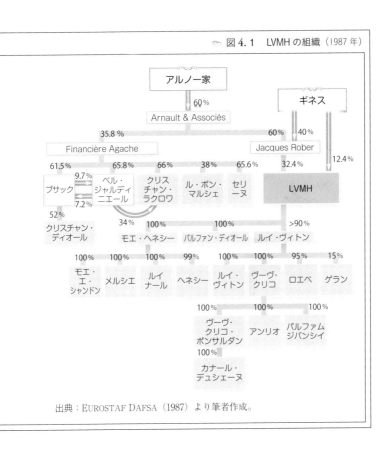

出典：EUROSTAF DAFSA（1987）より筆者作成。

（LVMH）を設立したにもかかわらず，グループ内の各企業は統合されていない。ルイ・ヴィトンとモエ・ヘネシーは，パルファン・ディオールを除いて，従来通り各々の子会社を管理した。製品分野に基づく合理化が行われなかったのである。

　ただ，その後 1990 年代半ばに至って，LVMH は組織再編を行い，種々の子会社を製品分野別に分類した。結果，ルイ・ヴィトンがファッション・ブランドを，モエ・ヘネシーはスピリッツ・ブランドを統括する体制に移行した。1994年には，ギネス（1997 年にディアジオに吸収合併された）と新たな契約を結び，同社がモエ・ヘネシーの株式 34 ％を取得すると同時に，LVMH とはアルコール飲料のグローバル流通に関する協力関係の継続を約した。一方で，ギネスはLVMH から資本を引き上げ，LVMH もギネスへの出資比率を 24 ％から 20 ％に引き下げている。

　これらの取引で 30 億ユーロのキャッシュを手にしたLVMH は，それを原資にラグジュアリー企業の買収を進めた。対象となった中にはフランス国外の企業も少なくなく，一連の買収によって LVMH はグローバル化の第一歩を踏み出したといえる。具体的には，ケンゾー（ファッション，日本，1993 年），ゲラン（香水，フランス，1994 年），ベルルッティ（靴，フランス，1996 年），ロエベ（皮革，スペイン，1996 年）などである。ニューヨークのデザイナー，マーク・ジェイコブスの会社株式も過半数を取得している（1997 年）。また，世界各地で免税店を運営する香港企業 DFS の株式も過半を取得し（1996 年），続いてフランス最大の香水・化粧品チェーンであるセフォラも買収した（1997 年）。これらにより，小売業での

地位も強化した。

　こうした結果，LVMH の資産は，1989 年の 48 億ユーロ
から 1999 年には 207 億ユーロと，1990 年代を通じて 4 倍に
膨れ上がった（図4.2）。ただ，この驚異的な拡張は，ギネス
との取引から生じたキャッシュだけでは到底賄えず，負債
によるところが大きい。実際，同時期に自己資本比率は低
下の一途をたどり，2001 年には 28.9 ％にまで落ち込んで底
を打った。売上高も，1990 年の 30 億ユーロから 2000 年の
116 億ユーロまで増加した一方で，営業利益率は 28.6 ％から

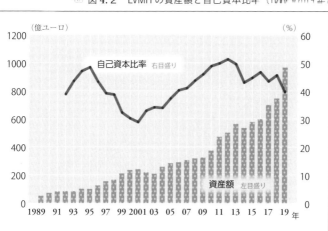

❀ 図4.2　LVMH の資産額と自己資本比率（1989〜2019 年）

注：2019 年の資産増加は，フランスにおける法改正に伴い，LVMH
　　がリースしているブティックの使用権（賃貸価値）が認識され
　　たことが大きい。これにより同社は 124 億ユーロのキャピタル・
　　ゲインを得た。

出典：LVMH, "Annual reports," 1989-2019.

16.9 %にまで下落している（図4.3）。

　こうして21世紀に突入したLVMHは，持続的な成長の実現に向けて新たな戦略を模索する。果たしてアルノーは，高級品に特化し，業界におけるグローバル・リーダーとしての地位確立に注力していく。この方針に則り，アメリカの化粧品メーカー・ハードキャンディやアーバンディケイ（2002年），スイスの時計企業エベル（2004年）など，ドメインから外れる事業については売却が進められた。オークション・ハウスのフィリップス（Phillips, de Pury & Luxembourg）や，アメリカ人デザイナー，マイケル・コースの会社の少数株式も売却している（2003年）。同じく2003年にはコニャックのハインとシャンパンのカナール・デュシェーヌも売却，この分野

図4.3　LVMHの売上高と営業利益率（1987〜2019年）

出典：LVMH, "Annual reports," 1989-2019.

においては他ブランドの強化に舵を切った。

　その一方で同社は，さらに多様な国々のラグジュアリー企業を買収していった。ファッション分野では，イギリスのトーマスピンク（1999年），イタリアのエミリオ・プッチ（2000年），アメリカのダナ キャラン（2001年，2016年に売却）などである。2001年からは，パリ証券取引所に上場している独立企業であったエルメスの経営権取得を画策し，ペーパー・カンパニーの仕組みを用いて株式を買い戻していったが，2013年，LVMHがエルメス株の22％を保有するに至り，両社の間には激しい対立が生じた[7]。ただ，数年の間には合意が成立し，LVMHがエルメス株を処分することとなった。結果生じた資金は，CDCの少数株主買収に投じられ，同社は2017年にLVMHへ統合された[8]。

　時計分野へは，1999年スイスのタグ・ホイヤーとゼニスの買収をきっかけに参入を果たし，2008年にはウブロを買収している。ジュエリーに関しては，1995年のフレッド買収を先駆けとして，同じくフランスのジュエラー・ショーメを買収（1999年），世界のダイヤモンド市場を支配している南アフリカのデビアスとも合弁会社を設立し（2001年，2017年に清算），イタリアのブルガリ（2011年）とアメリカのティファニー（2020年）も買収して足場を強化した。また，シャンパンのクリュッグとボルドー・ワインのシャトー・ディケム

ıııııııııııııııııııııııııııııııııııı

7　*Le Monde*, 2013/5/18.

8　*Financial Times*, 2017/4/26.

(1999年)，高級ウォッカのミレニアム（2004年），ウィスキーのグレンモーレンジィ（2005年），白酒のウェンジュン（文君，2007年）などを買収し，アルコール・ブランドのポートフォリオを拡充した。さらに2018年にはベルモンドを買収して高級ホテル業にも進出した。2019年時点で計70以上のブランドを擁するに至っている。

これらの投資によって，LVMHはラグジュアリー産業の巨人へと変貌した。1990年に約1万4000人だった従業員数は，2000年には4万7000人超，2019年には15万6000人を上回っている。ちなみに，同年におけるフランス国内の雇用者割合は20％である。資産価値は，2000年の232億ユーロから2019年には957億ユーロへと，力強く成長した。しかも，この時期の買収による拡大は負債への依存度が低く，自己資本比率は大幅に改善して，2012年には51.4％に至った（その後は低下）。

アルノーは，優先株によって過半の議決権を保持し（2018年時点で資本の47.2％，議決権の63.4％を保有），グループに対して永続的な支配力を有している。しかもLVMHは収益性が良好で，そのことが同社の独立性を下支えしている。相次ぐ投資や徹底した組織再編により，1990年代に急落した営業利益率は，2001年を境に上昇へと転じていった。2007年以降，売上高が大幅に増加する中でも，営業利益率は20％前後で安定している。LVMHは真のキャッシュ・マシンになったのである。

世界中の企業を何十社も買収するというのは，財務的にも組織的にも大きな挑戦であった。LVMHは，30年前とは

まったく異なる企業になったといえる。垂直統合と製品別の
部門編成により，長い期間をかけて同じ市場で活動するブラ
ンド・ポートフォリオの管理は改善されていった。同一製
品分野内での調整は，シャンパン（1995年）と香水（1997年）
から始まり，その後グループ全体に拡張された。1998年に
は事業部制組織となり（図4.4），2017年のCDC買収および
ファッション部門への統合により完成した。ただ，事業レベ
ルではこのように組織構造を改めているが，株主構成として

〜 図4.4　LVMHの組織（2015年）

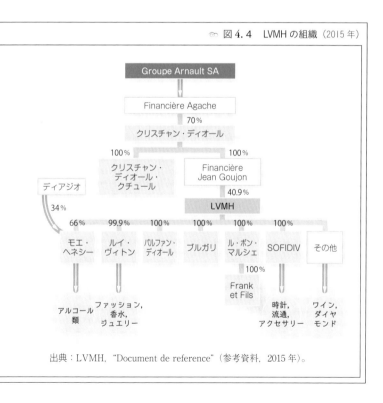

出典：LVMH，"Document de reference"（参考資料，2015年）。

第4章　コングロマリットの圧倒的な存在感

113

はピラミッド型組織を維持している。

2 リシュモン

　カルティエを買収したフランス人企業家と，南アフリカ人投資家アントン・ルパートとの出会いが，1988 年のリシュモン・グループ（コンパニー フィナンシエール リシュモン）誕生につながった。

　第 3 章の冒頭でも取り上げたように，19 世紀半ばにパリで創業したカルティエは，貴族や上流階級向けの宝飾品の製造・販売を専門とする小規模なファミリー・ビジネスだった。そのビジネスモデルは 1 世紀以上にわたり基本的に変わらなかったが，1960 年代に入ると収益性が低下して経営難に陥る。1972 年には，1968 年からカルティエのライターをライセンス生産していたフランス人実業家のロベール・ホックと，金融業者のジョセフ・カヌイに買収されることとなった。

　そしてアラン=ドミニク・ペランの指揮のもと，1973 年に「マスト ドゥ カルティエ」というコンセプトを打ち出す。このコンセプトによりブランドはアクセシブル・ラグジュアリーというセグメントに再配置され，ライターや時計といったアクセサリーの生産に傾斜していった。その後カヌイは，アメリカとイギリスのカルティエ販売会社を買収，また1979 年にはスイスにアクセサリーを生産する工場を開設した。しかし，会社の発展にはさらに新たな資金が必要と考え，資産の多様化を目論む南アフリカ出身の企業家兼投資家ルパ

ートに目を向けたのである。

　ルパート家は鉱業・タバコ・金融・メディア・高級品などで財を成した一族で，1988年，70代の家長アントン・ルパートが海外投資の管理のためにリシュモン設立を決定した。会社はスイスのタックス・ヘイブンであるツーク州に設立され，カヌイも取締役に就任した[10]。リシュモンはチューリッヒ証券取引所に上場しているが，ルパート家は，優先的に議決権が与えられる優先株式を保有することで支配権を維持している。2019年，一族が支配する金融会社（Compagnie Financière Rupert）はリシュモンを，資本としては9.1%，議決権としては50%保有している。

　リシュモンは設立当初，事業別に，高級品，タバコ，金融，資源（鉱業），消費財という5部門を擁した。高級品部門には，カルティエとダンヒルの2社を持ち，両ブランド以外にも，イヴ・サンローランやフェラーリのアクセサリーの製造・販売ライセンス（カルティエ），モンブランやクロエ（ダンヒル）などを管理していた。1988年，カルティエはピアジェとボーム＆メルシエというスイスの時計企業2社を買収した。

　そして1993年，リシュモンの一部門として，傘下のさまざまなラグジュアリー企業がヴァンドーム・グループに統合された[11]。同グループは，イギリスの銃器メーカーであるパーディ（1994年），スイスの時計メーカー・ヴァシュロン＆コン

ⅢⅢⅢⅢⅢⅢⅢⅢⅢⅢⅢⅢⅢⅢⅢⅢⅢⅢⅢⅢ

9　NADELHOFFER（2007）。

10　*Feuille officielle suisse du commerce*, 1988/8/25.

11　*International Directory of Company Histories*, vol. 27（1999）。

スタンタン，イタリアの時計メーカー・オフィチーネ パネライ，フランスの皮革製品メーカー・ランセル（以上 1996 年），香港のファッション・ブランドである上海灘（1998 年）など，複数の国で新たなラグジュアリー企業を買収・統合した。これらは，ほとんどが拡大のために資本を必要としていた，家族経営の独立小企業である。こうした結果，リシュモンの資産は 1990 年の 29 億ポンド（52 億ドル）から 1998 年には 50 億ポンド（83 億ドル）に増加する。この間，自己資本比率も安定して高位を保っていた（平均 66 ％，図 4.5）。

とはいえリシュモンは，1990 年代後半まで，タバコやメ

図 4.5　リシュモンの資産額と自己資本比率（1990〜2019 年）

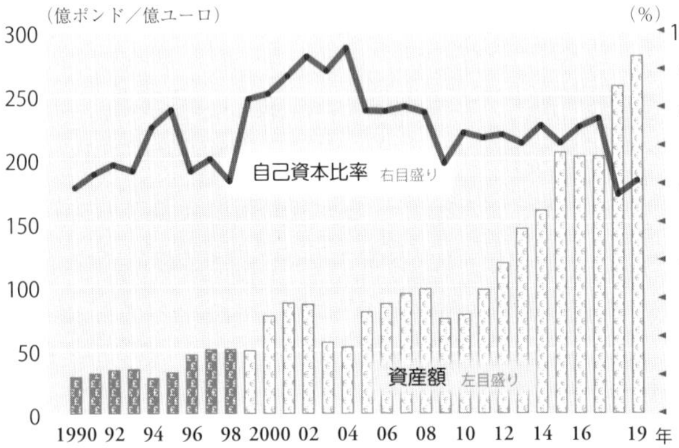

注：年度は 4 月〜翌年 3 月。資産額の単位は 1998 年までポンド，1999 年からユーロ。

出典：Compagnie Financière Richemont, "Annual reports," 1990-2019.

ディア（テレビ）といったラグジュアリー以外の事業の比率
も高い多角的コングロマリットだった。たとえば1997年，
ヴァンドームの高級品部門は，売上高の31.3％，利益の
25.5％を占めていたに過ぎない。それが1999年から2005年
にかけて戦略を変更し，高級品への集中度を高めていったの
である。2000年にフランスのテレビ・グループであるカナ
ルプリュスの株式を，2005年にイギリスの衣料品企業ハケッ
トを，それぞれ売却，タバコからも徐々に手を引き，2008
年にはタバコ部門をルパート家が経営する金融会社 Reinet
Investments へ移管した。

　それらに伴って1999年から2003年にかけて急激に落ち込
んだ同社の収益性は，その後反転し，2015年までは上昇基
調を描いた（図4.6）。リシュモンはこのようにして，高級品
に特化したグループとしての地位を確立していったのである。
この間には本社も，前述のツーク州から，パリに近く，高級
品を専門とする有能な経営者が多数拠点を置くジュネーブ市
へと移転させている[12]。

　同社の組織構造は，2008年以降，比較的シンプルである。
持株会社であるリシュモンは，事業別に4つの部門を持ち，
さまざまなブランドがそのもとにグループ化されている（ジ
ュエリー，時計，オンライン販売，ファッションとアクセサリー）。本
社は，ブランド間を調整し，本社一括集中の業務（財務，法務，
流通，生産，マーケティングなど）と，世界の各地域ごとに生じ

12　DONZÉ（2017a）。

る業務（アフターサービス，人事，不動産など）を担う。

　一連の組織再編により資金が確保されたことで，資本を開放したり，銀行融資に過度に頼らずとも，その後の企業買収が可能となり，ラグジュアリー産業でのプレゼンスを高めていった。2000 年代前半，売却により資産が減少した結果（2000 年の 76 億ユーロが，2004 年には 52 億ユーロ），自己資本比率が上昇し，2004 年には 95.5 ％の高率となった。このように財務面で独立性を強めたことで，グループの支配権を維持したまま，さらに多くの企業を買収することが可能となった。実際，資産は莫大な成長を遂げ（2019 年には 280 億ユーロ以上），

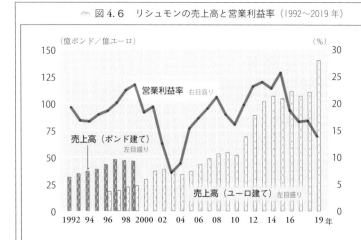

図 4.6　リシュモンの売上高と営業利益率（1992〜2019 年）

注：ポンド建て売上高は非高級部門を含むが，ユーロ建ては高級部門のみの売上高。

出典：Compagnie Financière Richemont, "Annual reports," 1992 – 2019.

それに伴って自己資本比率も低下したとはいえ（2019年60.8％），依然として高い自律性を有している（図4.5）。利益率の高さも，2005年以降の拡大に寄与した。2003年に7.1％だった営業利益率は，2015年には25％を超えてピークに達した。ただ，その後は香港・中国の高級時計市場が後退した影響で，下落傾向にある。

　この時期に買収された企業としては，フランスのジュエラーであるヴァン クリーフ＆アーペル（1999年），スイスの時計メーカーであるジャガー・ルクルトとIWCシャフハウゼン（いずれも2000年），ドイツの時計メーカー A. ランゲ＆ゾーネ（2000年）などをあげることができる。2000年代半ば以降には，時計部品メーカーを買収して，スウォッチ グループに調達を依存していたムーブメントや部品の供給体制を強化し，生産設備開発にも投資を行った。時計ケース・メーカーのドンゼ・ボームも買収している（2007年）。また，ラルフ ローレンとライセンス契約を結び，同社ブランドの時計の製造・販売を開始したり，ジュネーブの時計メーカー，ロジェ・デュブイも買収した（いずれも2008年）。ファッション部門も，パリのメゾン，アズディン・アライア（2007年），アメリカのブランド・ピーターミラー（2012年）を買収して強化した。

　2010年には，高級ファッションのオンライン販売大手NET-A-PORTER（ネッタポルテ）グループ株式の過半数を取得，さらにその5年後，イタリアの同業YOOX（ユークス）と合併した。中国市場に対しても，2018年にウェブ大手のアリババと合弁会社を設立し，自社が所有していないグロー

バル・ブランドも含めて，中国国内におけるファッション製品のオンライン販売に乗り出している。[13]

　グローバルな流通ネットワークを掌握していることと，小売業に多額の投資ができることは，コングロマリットの競争優位を規定する二大要素といえる。リシュモンがオンライン販売に力を入れているのは，卸売業者を通さずにグループ傘下の店舗で販売活動を行う垂直統合の一環である。これに伴って，リシュモンの売上高に占める卸売の割合は，1995年の70.5％から2019年には31.2％に減少した。同社は現在，店舗小売（2019年，同52.4％），オンライン販売（16.4％）とも，ほとんどを直接コントロールしている。

3 ケリング

　第3のラグジュアリー・コングロマリットであるケリングは，フランスの小売企業である。1999年に，イタリアのファッション企業グッチに資本参加し，ラグジュアリー産業での地位を確立した。

　ケリングの起源は，1963年にフランソワ・ピノーが設立した木材・建材の貿易会社にまでさかのぼる。[14]1980年代までは祖業に注力していた。1988年，資本増強と他の小売分

||||||||||||||||||||||||||||||||||||||||||||||

13　*Time*, 2018/10/26.

14　Daix（1998）。

野への多角化を目的にパリ証券取引所へ上場，以降，1990
年には電気機器販売や対アフリカ輸出入の西アフリカ・フ
ランス会社（Compagnie Française d'Afrique Occidentale：CFAO），
家具チェーン店コンフォラマ（1991 年），そしてパリの百貨店
プランタン，コンビニエンス・ストアのプリズニック，通
信販売 La Redoute を擁したプランタン・グループ（1992 年）
などを買収していく。プランタンの買収を受けて 1994 年
には社名もピノー・プランタン・ルドゥーテ（PPR）と改称，
フランス最大の小売企業の１つとなった。

　上場によって資本は開放したものの，ピノー家は優先的な
議決権の付与された株式を所有することで，会社支配力を維
持する。株式公開前の 1987 年，フランソワ・ピノーは新会
社フィナンシエール・ピノーを設立した。フランスのメディ
アによれば，同社はピノー家が完全に支配しているという。[15]
そしてフィナンシエール・ピノーは，ピノー家の各種投資管
理のため 1992 年に設立された別の金融会社アルテミスの全
資本を保有している。[16] そのアルテミスは，PPR の主要株主で，
1998 年には資本金の 42.7 ％・議決権の 58.2 ％を保有，これ
らは最近までほぼ同率で推移していた（2019 年には，それぞれ
41 ％・58.1 ％）。こうしたもとでピノーは，自社に対するコン
トロールを失うことなく，PPR の資本に参入する外部投資
家から資金を集めているのである。

15　*Les Echos*, 1996/6/10.

16　アルテミスグループ・ウェブサイト（http://www.groupeartemis.com，2016
　　年７月 25 日アクセス）。

　1990年代後半も，PPRは引き続き小売業の拡大戦略を実行，1995年にはレコード・書籍店チェーンのフナックを買収した。一連の買収と提携により国際展開も可能になったものの，同時期は依然，フランス市場とヨーロッパ市場への依存度が高かった（1998年，それぞれ売上高の55.8％と21.9％）。利益も増加傾向にはあったが低水準にとどまり，売上高営業利益率は1994年に3.8％，1998年に5.5％だった（図4.7）。

　こうした中で1999年，ラグジュアリーという新しい産業への扉を開いた戦略的買収が行われる。それがすなわち，グッチ資本の40％を29億ドルで買収したことであった[17]。グッチは，1923年にフィレンツェで設立されたイタリアの

図4.7　ケリング（旧PPR）の売上高と営業利益率（1994〜2019年）

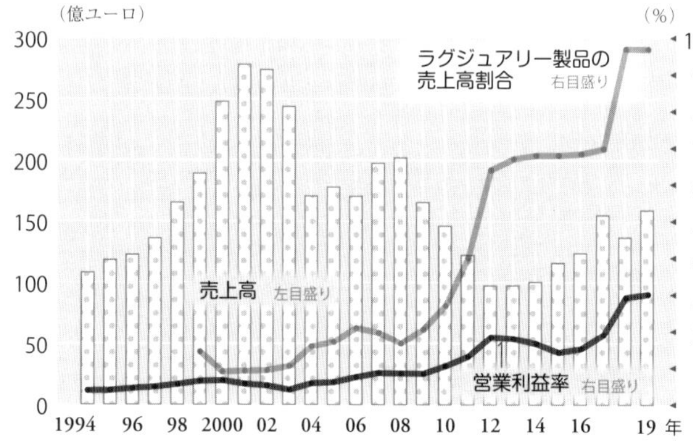

出典：PPR/Kering, "Annual reports," 1994–2019.

同族企業である。革製品の製造・販売を専門とし，1960 年
代から 1970 年代にかけて国際的に急成長を遂げた。1979 年
には数十社のパートナーとライセンス契約を結び，アクセサ
リー生産の多角化を決定している。ところが，この戦略がブ
ランド・イメージを毀損してグッチは高級ブランドとしての
評価を失い，一般消費者向けのファッション・ブランドと認
識されるようになってしまう。結果，1980 年代以降，経営
難に直面していた。

　1988 年，グッチ家は資本の半分をバーレーンの投資会社
インベストコープに売却した（1993 年には残りの資本も売却）。
インベストコープはその少し前から，宝石店のティファニー
やショーメ，スイスの時計メーカー・ゾゾなど，高級ブラ
ンドの買収を進めていたのである。新しい経営体制のもとで
グッチは，1990 年に移籍してきた若いアメリカ人デザイナー，
トム・フォードを中心に据え，「ポルノ・シック」の推進者
でもあった彼を 1994 年にはアーティスティック・ディレク
ターに任命する。このリポジショニングは大成功を収め，売
上高は 1986 年の約 5 億ドルから 1997 年には 9 億 7500 万ド
ルにまで増加した[18]。

　そして 1995 年には株式を公開し，PPR をはじめとする
投資家の関心を集めることとなった。1999 年，いったんは
LVMH がグッチ資本の 34.4 ％を取得したが，PPR はグッチ

17　Moore and Birtwistle（2005）p. 257.

18　*International Directory of Company Histories*, vol. 15（1996）。

に増資した上で 40 ％の株式取得を提案する。ところが，それによって LVMH の取得割合が 20 ％に減少することになるため，この取引は激しい法廷闘争に発展した。結果的には 2001 年に，LVMH が PPR への株式売却に合意した。アルノーとピノーの反目と競争は，今日に至るまでフランスのラグジュアリー産業の逸話の 1 つになっている。

さてグッチは，1999 年に PPR から得た資金をもとに，フランスのファッション・ブランドのイヴ・サンローラン (1999 年) とバレンシアガ (2001 年)，宝飾品メーカーのブシュロン (2000 年)，イタリアの靴メーカーのセルジオ ロッシ (1999 年)，革製品メーカーのボッテガ・ヴェネタ (2001 年)，スイスの時計メーカーのベダ＆カンパニー (2000 年)，イギリスのアレキサンダー・マックイーン (2000 年) とステラ マッカートニー (2001 年) などを次々と買収し，国際的なラグジュアリー・グループを構築していく。これらの投資は，PPR グループのバランスシートに大きな影響を与え，1998 年に 126 億ユーロだった資産は，2001 年には 350 億ユーロに増加した。これに伴って，自己資本比率はやや低下している (図 4.8)。

特筆すべきはラグジュアリー部門の高い収益性で，売上高に占める割合は高くなかったものの (2001 年には PPR 全体の 9.1 ％)，グループの営業利益率 5.6 ％に対して，同部門は 15.9 ％にものぼった。このことが，ピノーに会社再編を決意させ，高級品の特化へと向かわせることとなる。

このときの再編で特徴的だったのは以下の 3 点である。第 1 に，PPR は世界各地に所有していた複数社を徐々に売却し

ていくことで，一般小売業からの撤退を実現した。木材・資材事業を放棄し（2003年），プランタン（2007年），コンフォラマ（2011年），フナック（2013年），La Redoute（2014年）を順に売却し，結果2006年から2011年の間に，グループの売上高に占める流通の割合を79％から34％まで縮小した。これらの事業売却は，バランスシートにも有益な効果をもたらし，2009年には資産が245億ユーロに圧縮されたことで，自己資本比率は45％に改善している。このようにしてPPRは，より小さく，より収益性の高い，より自立した企業になっていった。

　第2に，事業売却で得られた資金とグッチの高い収益性

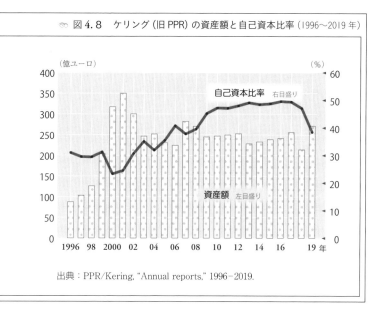

　　　◦ 図4.8　ケリング（旧PPR）の資産額と自己資本比率（1996〜2019年）

出典：PPR/Kering, "Annual reports," 1996–2019.

がもたらす利益を活用して，2007年にスポーツ用品事業への投資を行い，ドイツのプーマ株27％を取得，2011年には75％まで買収を進めた。ナイキやアディダスが「スポーツからライフスタイルへ」という戦略で大成功を収めたことを受け，PPRは，この変革から取り残されていたプーマ・ブランドで同じことをしたいと考えたのである。その後[19]も，ドボテックス，ブランドン（以上2009年），コブラ（2010年），ヴォルコム（2011年）を買収してブランドを獲得し，ライフスタイル部門の充実を図っている。2015年には，グループ内の諸ブランドや，カルティエをはじめとする外部顧客向けに，アイウェアの生産を専門とする子会社ケリング アイウェアも新たに立ち上げた（同社株式は2017年にリシュモンが取得）。ただ，ライフスタイル部門は，売上高が2007年の17億ユーロから2017年には44億ユーロへと急増したが，収益性が芳しくなく，同時期の営業利益率は13.7％から5.7％へと低下している。この結果を受け，グループはプーマ資本の大半を自社の株主に売却することで，同社を切り離すことになった（2017年）。

　第3に，グループのラグジュアリー部門は，ポートフォリオを再編しながらブランドを発展させていくことで成長した。小売ネットワークの拡大は，同社の成長を強力に下支えした。直営店舗数は，2000年の196店（グッチ141店）から，2019年には1381店（グッチ487店）にまで増加している。同時に，

llllllllllllllllllllllllllllllllll

[19]　SMIT（2007）。

競争力の低いブランドを売却する（たとえば，2009 年ベダ，2015 年セルジオ ロッシ，2018 年ステラ マッカートニー）一方で，スイス時計のジラール・ペルゴ（2008 年に 23 ％出資，2011 年に 50.1 ％出資）とユリス・ナルダン（2014 年），中国のジュエラー・キーリン（2012 年），イギリスのファッション・ブランドであるクリストファー ケイン（2013 年，ただし 2018 年に売却）を買収した。果たしてラグジュアリー部門は目覚ましい発展を遂げ，売上高は 2001 年に 25 億ユーロだったものが，2019 年には 154 億ユーロとなり，収益性も倍増した（2001 年 15.9 ％，2019 年 32.8 ％）。

　一連の再編を通じたラグジュアリーへの再集中は，グループ全体の財務状況に大きく影響した。注目すべきは，2003 年以降，資産が 250 億ユーロ前後で安定している中にあって，自己資本比率が 2017 年まで継続的に上昇していたことである。同社の経営の特徴は，ブランド・ポートフォリオのダイナミックなマネジメントを通じて，財務的な自律性と収益性を強化することにある。この戦略は，1987 年に入社し 2005 年に会長兼 CEO に就任した，創業家 2 代目フランソワ゠アンリ・ピノーによって遂行された。2013 年にグループ名をケリングと改称したのも，ラグジュアリーへの再集中の一環であったといえる。

4 ラグジュアリー・コングロマリットの競争優位

以上で見てきたラグジュアリー・コングロマリット 3 社の

形成と発展を踏まえると，世界の高級品市場における彼らの競争優位は，どういった要素から構成されているといえるだろうか。

　先に，この3グループの相違点を簡単に確認しておこう。それは，基本的にブランド・ポートフォリオの範囲に由来するものである。そもそも3社は規模が大きく異なっている。2019年，世界最大のラグジュアリー企業 LVMH の資産965億ユーロに対し，リシュモンは280億ユーロ，ケリングは271億ユーロであった。LVMH は，ライバル2社の3倍の規模があるのである。組織構造的には共通する部分もあるが，ポートフォリオには各社ごとの特徴が見られる。LVMH は，ファッション，シャンパン・スピリッツ，化粧品・香水，時計・宝飾品，小売，ホテルなど，最も多様な事業を展開している。これに対し，リシュモンは時計・宝飾品に大きく特化しており（2019年は売上高の 71.9 %），ファッション・ブランドはわずか，化粧品やスピリッツのブランドは持っていない。ケリングは，高級ファッションの占める割合が高く，グッチ（同 61 %）とイヴ・サンローラン（12 %）が目立つほかは，小規模な時計ブランドを保有するのみで，アルコールや化粧品のブランドは有していない。

　これらの相違は，各グループがラグジュアリー産業へ参入してきた経緯によるところが大きい。1987年に LVMH が設立されたとき，ルイ・ヴィトンとモエ・ヘネシーはその10年前に統合しており，はじめから同社はそれだけ多角化していたといえる。リシュモンとケリングは，それぞれ1990年代と2000年以降に主立った投資を行っているが，前者はカ

ルティエ，後者はグッチという強力なブランドを基礎に，そこから拡大および多角化の道を歩んだ。その出発点が，今日にも影響しているのである。

　しかし，そうした違いを超えて，これら3社には共通点を見出すことができる。1点目は，創業者の企業家精神と，ガバナンスの仕組みである。LVMH，リシュモン，ケリングは，いずれも，20世紀末のグローバル市場でヨーロッパの高級ブランドに与えられたチャンスをつかんだビジネスパーソン（アルノー，ルパート，ピノー）によって設立された。彼らの戦略自体は，取り立てて革新的ではなかった。基本的には，経営史家アルフレッド・チャンドラーが分析したような，19世紀後半の近代アメリカ大企業と同様に，三本柱（生産，流通，組織）への投資を実行するものであったといえる。[20]

　ただ，ヨーロッパの高級品メーカーの多くは，資本や知識といった資源が限られた小規模なファミリー・ビジネスにとどまっていたため，高級品を大量生産・販売するという考え方は，1980年代にはまったく新しいものだった。ラグジュアリー・コングロマリットを生み出した上述の企業家たちは，金融・不動産・貿易などの分野でキャリアを積んできて，高級品の製造方法に関する伝統的な知識は持っていない代わりに，組織をめぐるスキルを有していた。また，コングロマリットの強力な拡張（企業の買収や世界的な販売網の構築）に必要な資金を提供する外部投資家を引きつけることもできた。

<hr>

20　CHANDLER（1990）。

とはいえ，資本の開放にもかかわらず，これらのコングロマリットはいずれも，創業者一族が優先的に議決権を付与された特別な株式を保有し支配している。さらに，3社とも，創業家の2代目が経営に関与することで，同族性が強化されている。このような観点から見ると，ラグジュアリー産業は依然としてファミリー・ビジネスに支配されているともいえる。

2点目に，3社とも，ヨーロッパに深く根ざした強い国際性を有している。うち2社はフランスに，もう1社もパリに近いスイスのジュネーブに本社を置いているが，そのことをもってこれらをフランス企業と称するのは適切ではないだろう。買収を通じた外部成長により，彼らはヨーロッパ各地（主にフランス，イタリア，イギリス，スイス，スペイン）のブランドのみならず，アメリカや中国の企業も傘下に擁している。しかし，半面，これらコングロマリットのオーナーやマネジャーは，ヨーロッパのブランドが共通のアイデンティティ（伝統的なノウハウ，高品質，クラフトマンシップ，生活様式など）を持ち，世界市場で大きな価値を認められていることを理解している。販売面での国際化，とりわけアジア市場のシェア拡大は，その表れとも捉えられる。両方の結果，3社では本国外での雇用者の割合も高まっている。

では，こうしたコングロマリットの競争優位は，何によって支えられているのだろうか。まずあげられるべきは，ブランドにとって重要な資源をグローバルに管理する能力である。この能力は，とりわけ金融・流通・不動産に対して顕著に発揮されている。これらのグループは，世界中のショッピ

ング・センター・プロジェクトに投資を行う金融会社を所有する。第1章でも紹介したように，LVMH は L Capital Asia（LCA）と L Real Estate（LRE）という2つの子会社を持ち，グループのアジア展開に大きな役割を果たしている。リシュモンも，リシュモン・アジア・パシフィック・リミテッドという子会社が，とりわけ香港で活発に活動している。これらが，ブランドの認知度向上に貢献するモノ・ブランド・ストアの開設に結びつく。2000年から2014年の間に，グループが所有する店舗数は，LVMH では1286軒から3708軒に，リシュモンでは444軒から1056軒に，ケリングでは196軒から1186軒に増加した。2015年以降，オンライン販売の増加により実店舗の重要性が相対的に低下した面はあるが，ブランドを紹介し消費者を教育する上で，ブティックは依然として不可欠である。このような財務・流通面の能力は，コングロマリットの新興国，とくに中国での事業拡大には重要になっている。[21]

　次なる競争優位は，グループ全体でクリエイティビティを管理できることである。これも，ラグジュアリー産業においては重要性の高い能力といえる。コングロマリットに属する多くのブランドは，1つ1つが独自の個性を持つことから，クリエイティブ戦略もそれぞれになるのが自然である。しかし，それらがコングロマリットに組み込まれ，経営陣の調整を受けることで，ブランドの活動とポジショニングは，本社

21　本書第1章参照。

による強力なコントロールのもとに置かれることになる。

　このことには，いくつかの利点がある。第1に，異なる分野で活動するブランド間のシナジー効果やコラボレーションを実現することができる。[22] たとえば，あるブランドの生産能力を別のブランドに利用すれば，外部のサプライヤーに頼らずに製品ラインアップを拡張することが可能になる。何度も述べてきたように，ハイファッション・ブランドにとって，アクセサリーの発売はとくに重要である。これにより，顧客ベースを拡大し，同時に大きな利益も獲得できるからである。[23]

　具体的に見ていくと，1987年のLVMH設立当初，早くもルイ・ヴィトンは，アルノーが所有するオートクチュール・メゾン，クリスチャン・ラクロワと革製品の製造契約を結んでいる。[24] 時計についてもLVMHは，スイスの時計会社を買収した後の2001年，ラ・ショー・ド・フォン（スイス）に新しい子会社を設立し，クリスチャン・ディオール，フレッド，ルイ・ヴィトンの時計を組み立てる体制を整えている。翌2002年にはルイ・ヴィトンが，1999年からLVMH傘下にあったゼニスのムーブメントを搭載する初の時計コレクションを発表した。[25] 香水でも，2000年に傘下のファッション・ブランドであるケンゾーがオリジナルの香水を発売したことなどを受け，2011年に子会社LVMHフレグランスブランズ

||||||||||||||||||||||||||||||||||||||||

22　MOORE and BIRTWISTLE（2005）。

23　OKAWA（2008）p. 103.

24　LVMH, "Letter to shareholders," 1994/2.

25　TRUEB（2005）p. 285.

を設立している。LVMH だけではない。リシュモン傘下の
モンブランも，シナジー効果を狙って 1990 年代末に時計コ
レクションを発表し，ケリングも前述のようにアイウェア製
造の専門子会社を設立している。

　第 2 に，コングロマリットは，その資金力で大規模な投資
を行って原材料・半製品を確保し，それにより競合他社への
依存度を下げることができる。こうした下請業者の買収によ
る垂直統合は，2000 年以降ラグジュアリー産業において喫
緊の課題になっている。

　たとえば 2009 年 LVMH は，1988 年からルイ・ヴィトン
に皮革材料を供給してきたマシュア社（Masure Tannery）と
共同で，ベルギーに合弁会社 Tanneries de la Comète を設
立した。その 3 年後の 2012 年には，南フランスに 2 軒目の
皮なめし工場も購入している。[26] 垂直統合は，時計製造におい
てより顕著である。同分野におけるリーディング・カンパニ
ーであるスウォッチ グループは，機械式時計に不可欠な部
品の生産・販売を，事実上，準独占している。同社には，リ
シュモンのカルティエや LVMH のタグ・ホイヤーも，ム
ーブメントの供給を依存していた。ところが，2002 年にス
ウォッチ グループが競合他社への供給を段階的に停止して
いくことを決定したため，両社とも生産装置の開発に大規模
な投資を行ったのである。[27]

||||||||||||||||||||||||||||||||||||||||||

26　*Le Figaro*, 2012/5/2.

27　Donzé（2012a）pp. 123–126.

　ただ，コングロマリット各社はこうした買収を行っているだけでなく，主に新世代の手工業者を支援するプログラムを通じて，伝統的なノウハウや独立した職人仕事の保存を奨励する，さまざまな活動も展開している。LVMHは，子会社のロエベを通じて2013年スペインにEscuela de Maroquinería（皮革製品学校）を開設，さらに翌年にはフランスでInstitut des Métiers d'Excellence（卓越職業研究所）を立ち上げ，同国内の専門学校とも協力して，とりわけクチュールとジュエリーの分野で一連のプログラムを提供している。スイスでもリシュモンが，高級時計の装飾技術の進化と，グループ・ブランドの発展を企図し，2005年のFondation de la Haute Horlogerie（高級時計財団）設立を主導した[28]。

　さらに付け加えると，LVMHとケリングを中心としたコングロマリットは，パリのオートクチュールを，ブランドが生み出す付加価値の源泉となる，創造的で芸術的な活動に変えていくことを推進している。第3章でも述べたように，戦後，上流階級のためにクラシックなドレスをデザインしていたクリスチャン・ディオールの後を承けて，1996年から2010年までトップを務めたジョン・ガリアーノは，ディオールのファッション・ショーをアート・ショーに変えた。トム・フォードのグッチやマーク・ジェイコブスのルイ・ヴィトンも，アートの創造者としての地位を確立した高級メゾンの一例である。

<hr />

28　Donzé（2017a）pp. 175-177.

前衛芸術家・草間彌生とのコラボ
レーション企画時のルイ・ヴィト
ンの店舗ディスプレイ

出典：iStock.

ファッション・ショーを通じて彼らが知名度を高めること
が，世界市場においてブランドの魅力を向上させ，アクセサ
リーやプレタポルテの売上を急成長させている。2000年に
アルノーが発表したところによると，ガリアーノの登場によ
り，ディオールのプレタポルテの売上は4倍になったという。[29]
したがって，芸術的創造は，優秀なデザイナーの活動の成果
というにとどまらない。ブランドを強力にコントロールする
コングロマリットにとっては，必要不可欠な資源なのである。

5　ベンチマークとしての　コングロマリット

本章では，LVMH，リシュモン，ケリングというラグジ
ュアリー・コングロマリット3社が，どのように設立され，

[29] MESSAROVITCH（2000）p. 80.

1980年代以降どのように発展してきたかを説明してきた。ただ，繰り返しになるが，これらのグループは現代のラグジュアリー産業をほぼ独占しているとはいえ，業界内企業の組織形態としては，むしろ特殊な存在である。ラグジュアリー企業トップ100ランキングは，そのほとんどが，ファッション，革製品，時計，化粧品など，特定分野に特化した企業で構成されている（表2.1）。

　したがって，多角的なコングロマリットの重要性は，その規模や財力だけでなく，第3章で議論したクリスチャン・ディオールの事例のように，業界の指針になるような新しいマーケティング戦略を実施するところにあるともいえるだろう。高級品の大量生産，モノ・ブランド・ストアを中心とした世界的な流通，強力なブランド構築を目的としたグローバルな広告キャンペーンは，現在，ほとんどのラグジュアリー企業が採用するビジネスモデルの基盤となっている。そして，この新しいモデルは潤沢な資本を必要とするため，次章で取り上げる独立系企業までもが，株式を公開する傾向を見せているのである。

第 **5** 章

❧

イタリアの独立系企業

　1980 年，映画「アメリカン・ジゴロ」が公開され，主演のリチャード・ギアは新世代のセックス・シンボルとなった。彼の人工的な美しさと自然で柔らかな物腰は，15 年後にメトロセクシャルへとつながる新しい男らしさといえた。この映画で衣装を担当したイタリア人ファッション・デザイナーは，これによって機会を捉え，よりカジュアルな，新しいエレガンスの代表者としての地位を確立する。5 年前，ミラノにオートクチュールのメゾンをオープンしたジョルジオ・アルマーニが，アメリカ市場を征したわけである。彼は大成功し，世界中でイタリアン・ファッションの代名詞的存在となった。

　2017 年，26 億ユーロ以上の売上高を誇るジョルジオ アルマーニ社は，世界の高級ファッション企業のトップ 10 に入り，イタリアではプラダ・グループに次ぐ第 2 位の規模を誇る。マーケティング戦略については，前章で見たようなコングロマリットとほとんど変わりがない（グローバル・ブランド，流通のコントロール，消費の民主化）。ただ同社は，イタリアのファッションおよび繊維産業における多くの他企業と同様，上場もしていなければ，コングロマリットにも属さず，独立系企業として自社ブランドの開発に注力している。アルマーニのこうしたあり方は，イタリアのファッション企業の典型といえるだろうか。また，独立企業ゆえに抱える課題とは何だろうか。

1 オートクチュールから ファッション・グループへ

ジョルジオ アルマーニ

　ジョルジオ アルマーニを代表例として，イタリアの高級ファッション企業が20世紀後半に世界市場で成功したのは，フランスのクチュリエたちが予想していなかったファッションの需要に対応したからである。排他的な市場で顧客に唯一無二の作品を提供していたパリのオートクチュール・メゾンは，1960年代から1970年代にかけて危機的状況に陥り，1946年には106社が存在した業界が，1967年には19社に縮小，1999年には16社まで減少した[1]。こうした縮減を受けて，フランスのクチュリエたちはビジネスモデルを見直し，クリスチャン・ディオールのように大量生産の衣料品（プレタポルテ）やアクセサリーのプレゼンスを高めていったことは，本書でも述べてきた通りである[2]。しかし一方で，イタリアやアメリカのデザイナーたちから，カジュアル・ラグジュアリー・ファッションを提供するという動きが現れたことも見逃せない。

　イタリアにおいて，繊維産業は19世紀末から発展が著しかったが，ファッション産業は1950年代，地元のあるデザイナーとアメリカの百貨店代表との出会いをきっかけに発展

|||||||||||||||||||||||||||||||||||||

1　Grau（2000）p. 24.

2　本書第3章参照。

の端緒をつかんだ[3]。1960年代に入ると，ミラノがイタリアにおけるオートクチュールの中心地として確立し，パリの独占的な地位に挑戦することになる。

1934年，北イタリアに生まれたジョルジオ・アルマーニは，ミラノでキャリアをスタートさせている[4]。同氏は1957年，百貨店ラ・リナシェンテにインテリア・デコレーターとして採用された後，紳士服の販売員を務めた。ラ・リナシェンテは，オートクチュール・メゾンのビキでアーティスティック・ディレクターを務めたルイス・イダルゴをはじめとするファッション・デザイナーとコラボレーションし，プレタポルテ・コレクションを展開していた百貨店である[5]。そして1964年にはファッション・ハウスのニノ・セルッティに転じ，デザイナーとして活躍した後，1970年代にフリーランスとして独立する。

1975年，アルマーニは，パートナーでもあった実業家セルジオ・ガレオッティから資金援助を受け，ミラノに自らの名を冠した会社を設立した。翌1976年には最初のメンズ・コレクションを発表し，徐々にメンズ・レディース両方のラインを持つデザイナーとしての地位を確立していった。さらにハリウッドへの浸透を機にアメリカ市場へ進出したことで，会社は急成長を遂げる。

セレブリティが彼の服をまとって公の場に登場した最初の

―――――――――――――――――

3　POTVIN（2013）。

4　POTVIN（2013）；MERLO（2011）。

5　MERLO and POLESE（2006）pp. 443-444.

ケースは，1978年のアカデミー賞授賞式におけるダイアン・キートンである。彼女の後に，前述のリチャード・ギアの映画があった。以降数十年にわたって，アルマーニはハリウッドにおける中心的なデザイナーであり続けている。1986年には，ジャクリーン・ケネディ・オナシスの妹で，自家用機で世界中を飛び回る富裕層を代表する1人でもあったリー・ラジヴィルを，ソーシャルイベント・マネジャーとして採用した。アルマーニは，アンバサダーがメディアに与える影響を強く意識していたのである。[6]

とはいえ，ハリウッドに近づいたというだけで，アメリカ市場へ進出できるわけではない。それには生産管理も必要だった。同社は独立系デザイナーであったことからも，創業時には生産機能を有さなかった。そのコレクションを実際に生産していたのは，1950年代から1970年代を通じてイタリア最大の紳士服メーカーであったGFT（Gruppo Finanziario Tessile）である。[7] 同社は，アルマーニやヴァレンティノをはじめとするイタリアのファッション・ハウスと協業することで驚異的な成長を遂げ，1980年に700万ドルだった売上は，1988年に至って2億3000万ドルに達した。うち，アルマーニとの取引が20％を占めたといわれる。[8] このGFTとアルマーニは，1979年にアメリカで，北米における高級既製服販売を担うジョルジオ アルマーニ・メンズウェアという名

6   POTVIN（2013）p. 44.
7   POTVIN（2013）pp. 82-96.
8   POTVIN（2013）p. 89.

称の合弁会社を設立する（後にジョルジオ アルマーニ・ファッション・グループと改称）。アルマーニはまた，アジアでの販売拡大に伴って1988年に中国でも合弁会社を設立し，同国向けの紳士服生産を開始した。

　高級既製服で成功したにもかかわらず，アルマーニがオートクチュールの世界に収まることはなかった。同社は早くから，アメリカで得た評判をもとに，消費者向けのファッションやアクセサリーを展開する。すでに1981年には，ミラノの直営店において，ジーンズをはじめとするさまざまな商品を販売している。そしてデニム・コレクションからアルマーニ ジーンズが誕生し，これがエンポリオ アルマーニの基礎となった。アクセサリーは，大概が専門企業とライセンス契約を結ぶ形で製造された。香水のロレアル（1980年），眼鏡のルックスオティカ（1988年），時計のフォッシル（1997年）などである。

　手に入りやすい価格帯の商品群を拡充したことは，主にアジアへの販路拡大を導いた。それに伴い，日本では1987年に，伊藤忠商事と合弁会社を設立している。[9]とはいえ，同社の売上構成においては出身地域の市場が依然として高い比率を示しており，たとえば2004年のグループ売上高を見ると，イタリアの18％に，その他のヨーロッパ37％が続き，北米が24％，アジアはわずか12％，その他の地域が9％となっている。[10]

9　Isozaki and Donzé（2022）。

　上述のように製品を多様化し，そのことで収益も増加させていく中，1980年代末ごろよりアルマーニは徐々にGFTと距離を置き始め，イタリア国内で複数の繊維会社を買収して衣料品生産の内部化を進めた。たとえば，1989年にはジーンズ・メーカーSIMの株式を取得している。そうした結果，10年後の1999年には7つの工場を所有するに至った。さらに2000年には，ライバルのエルメネジルド ゼニア グループとの間で，ミラノにあるGFTの旧生産センターを共同管理するという協力協定まで締結している。

　加えてアルマーニは，Gapの急成長に対抗して，アメリカ市場でアルマーニ エクスチェンジ（A/X）というチェーン店を立ち上げ，流通の垂直統合を図った[11]。ただ，1991年にニューヨークのソーホー地区にオープンした1号店から始まったこの試みは，ジーンズに集中したことで失敗に終わる。結局，21世紀に入ってから総合的なファスト・ファッション・ブランドと位置づけを改めた上で，アジアとラテンアメリカに導入された。

　こうして，1980年代には水平方向（各種ライン）の展開，1990年代には垂直方向（デザイン，生産，マーケティング，販売）の統合がそれぞれ行われ，高度に内部化されたグループは，現在も力強い成長を続けている。同社の売上高は，1990年の3億600万ドルから，2004年には16億ユーロ，2018年に

—————————————————————

10　Merlo（2011）p. 353.

11　Potvin（2013）p. 105.

は 21 億ユーロにまで増加した。[12]

　非上場のため財務情報はほとんど公開されていないが，経営史家エリザベッタ・メルロによれば，2004 年の売上構成は表 5.1 のようであったという。オートクチュール・高級既製服（ジョルジオ アルマーニ）から，やや価格を抑えた若者向けのライン（アルマーニ コレッツィオーニ，エンポリオ アルマーニ），ファスト・ファッションやアクセサリー（アルマーニ ジーンズ，アルマーニ エクスチェンジ）まで，幅広いセグメントに対しバランスよく展開していることがわかる。また，あらゆるセグメントにおける存在感が，強力な製品多様化に下支えされたものであることは，衣料品の売上高がグループ全体の

⌒ 表 5.1　アルマーニ・グループの売上構成（2004 年）

（単位：金額は百万ユーロ，構成比は％）

ブランド別	金額	構成比	製品分野別	金額	構成比
ジョルジオ アルマーニ	531.1	32	衣　類	892.2	53
エンポリオ アルマーニ	428.8	26	香水・化粧品	450.5	27
アルマーニ コレッツィオーニ	305.1	18	眼　鏡	130.2	8
アルマーニ ジーンズ	263.2	16	時計・ジュエリー	104.5	6
アルマーニ エクスチェンジ	118.6	7	その他	93.9	6
その他	24.5	1			
合　計	1,671.3	100	合　計	1,671.3	100

出典：MERLO（2011）p. 353.

半分強に過ぎない点にも表れていると考えられる。

　アルマーニがイタリア高級ファッション企業の典型例であ
ることを示す特徴が，もう１つある。それは，同社が繊維企
業との協業からスタートしたという点である。とりわけ大き
な役割を果たしたのが GFT グループだった。同社は，イタ
リアの衣料品生産へフォーディズムに則った大量生産・流通
システムを導入し，[13]新世代のデザイナーたちに生産能力を提
供した。彼らのコレクションを生産し，販売を担うことも
あったのである。アルマーニだけでなく，ヴァレンティノ，
ウンガロ，モンタナなども恩恵を受けた。[14]

　1978 年時点において国内で 5800 人を雇用していた同社は，
1980 年代半ばに世界最大のファッション・メーカーとなり，
1987 年には 6 億 9400 万ドルの売上高を記録する。[15]ところが
同じころ，低価格のファスト・ファッション・チェーンが世
界的に拡大し，またアルマーニのように生産能力を内部化す
るファッション・ハウスが増えたことで，困難に直面した。
1991 年に初めて赤字に転落して以降，グループは解体に向
かうこととなった。

‖‖‖‖‖‖‖‖‖‖‖‖‖‖‖‖‖‖‖‖‖‖‖‖‖‖‖‖‖‖‖‖‖‖‖‖‖

12　MERLO（2011）p. 353 ; "The Armani Group and Sustainability 2018" (an-
　　nual report).

13　MERLO（2011）p. 349.

14　MERLO（2011）p. 351.

15　MERLO and PERUGINI（2020）p. 58.

2 イタリアのファッション業界の特徴

　20億ユーロ以上の売上高を誇る独立系非上場企業ジョルジオ アルマーニ。同社を，イタリアの高級ファッション業界の代表といえるのだろうか。この質問に答えるためには業界全体を俯瞰してみなければならないが，その場合，とりうる観点には，企業とブランドという2つが考えられる。

　まずは企業から見ていこう。第2章で紹介したデロイトのランキングから，2017年に2億ドル以上の売上を上げたイタリアのラグジュアリー企業を特定することができる（表2.1)。その数は全部で24社，事業別には，ファッション15社，アイウェア4社，フットウェア3社，香水1社，革製品1社となっている。うち，眼鏡のルックスオティカ，サフィロ，Marcolin，および香水のEuroitalia（いずれも高級ファッション・ブランドのアクセサリーをライセンス製造するメーカーである）以外は，独自ブランドを所有している。これらの企業の多くは，比較的小規模で（売上高5億ドル未満が8社，5億～8億ドルが4社)，相対的には設立年数が浅く（1910～1945年に設立された企業が5社，1950～1969年に設立された企業が6社，1970年以降に設立された企業が13社)，独立を保っている（15社が非上場)。規模を除けば，ジョルジオ アルマーニも，こうした傾向に添っている。

　これらの企業は，その歴史や組織形態から，3つの異なるビジネスモデルに分類することができよう。第1は，ジョルジオ アルマーニと同じような成長の軌跡をたどって大企業

トッズの路面店の
ショーウィンドウ
出典：iStock.

となった企業群である。具体的には，プラダ，サルヴァトー
ーレ フェラガモ，ドルチェ＆ガッバーナ，ヴァレンティノ，
エルメネジルド ゼニア，ヴェルサーチェがあげられる。い
ずれも，独立のデザイナーが設立・発展させ，ショー・ビジ
ネス界のスターたちを顧客に持つことでメディアに近く，製
品多様化と流通の垂直統合により企業成長を果たした。2017
年にはヴェルサーチェ以外の各社が 10 億ドル以上の売上高
を記録している一方で，上場しているのは 2 社のみである
(プラダとサルヴァトーレ フェラガモ)。1990 年代からラインを拡
充してファッションへも多角化した革製品メーカーのトッズ
も，このカテゴリーに含まれよう。これらの企業は，世界の
ラグジュアリー市場において，イタリアン・ファッションの

〰〰〰〰〰〰〰〰〰〰〰〰〰〰〰〰〰〰〰

16 OSTILLIO and GHADDAR（2017b)。

素晴らしさを体現する存在と見られている。

第2は，ファッション事業に特化する比較的小さな企業群である。マックスマーラ，OTB，ブルネロ クチネリ，リュー・ジョー，アエッフェ，エトロ，TWINSET，Fashion Box，ジュゼッペ・ザノッティの9社を数える。中には，他のファッション・ブランドを買収してグループを組織したり（OTB），アクセサリーに手を広げているところもあるが，そうした外部成長戦略をとる企業は多くなく，ほとんどがニッチ市場にとどまり，規模も大きくない[17]。2017年に売上高が5億ドルを超えたのは3社のみで，10億ドル超となると1社に限られる。また，上場しているのは2社のみである。革製品のフルラや，スポーツウェアから高級ファッションに移行したモンクレールなども，このカテゴリーに含まれる[18]。

第3は，主立ったグローバル・ブランドの高級アクセサリー（眼鏡や香水）を専門に製造する企業群である。ルックスオティカ，サフィロ，Marcolin，デリーゴ，Euroitaliaの5社がある。うち，ルックスオティカとサフィロは規模が大きく上場もしているが，他3社は小規模な非上場企業である。ただ，これらの企業は製造を中心としていることから，上の2タイプとは性格が異なる。むしろ，次章で取り上げる多角的な工業グループのモデルであるといえる。

しかし，このように企業という観点からイタリアのラグジ

────────────

17　MERLO（2018）。

18　RE *et al.*（2016）。

ュアリー産業を見るだけでは不十分である。フランスのラグ
ジュアリー・コングロマリットや，中東の投資ファンド，そ
の他海外のファッション・グループが所有するイタリア・ブ
ランドは数多い。そのほとんどは，1990年代末以降ラグジ
ュアリー産業に起こった変革に伴って買収されたものである。
このように買収された企業群は，どのくらいイタリアのラグ
ジュアリー企業を代表しているのだろうか。

　この点を検討するために，表5.2を見よう。これは，MPP
Consulting が2012年に発表した，イタリアのトップ100ブ
ランドに含まれるファッション・ブランドの一覧である。計
27のブランドがあり，うち12が外国企業の所有であった。
ケリングが3ブランド，LVMHが2ブランド，リンユセン
が1ブランドを買収している。ほかにも，FILA KOREA
(韓国) やトリニティ（香港）といったアジアの繊維グループ，
アメリカのファッション・グループであるマイケル・コース，
メイフーラ・フォー・インベストメンツ (カタール)，Vision
Investments や Paris Group（ドバイ）など中東の投資ファン
ド等，海外の買収者が名を連ねるが，驚くべきことにイタリ
ア企業による買収はほとんどない。アエッフェのモスキーノ
買収や，プラダ傘下のミュウミュウは，例外である。

　以上の分析により，大規模で多角化したラグジュアリー企
業，小規模なファッション企業，外国のグループに買収され
た企業など，イタリアのラグジュアリー企業にいくつかのタ
イプがあることを明らかにできた。次節以降のケース・スタ
ディで，それぞれのタイプにつき具体的な企業を取り上げて，
足跡をたどっていくこととしよう。そうすることにより，独

表 5.2　イタリアのトップ 100 ブランドに含まれる
ファッション・ブランド（2012 年）

ブランド	価値 （百万ドル）	現在の所有者 （　）内は取得年
プラダ	5,752	独立，上場
ジョルジオ アルマーニ	4,597	独立，非上場
グッチ	4,428	ケリング（1999 年）
ブルガリ	2,344	LVMH（2011 年）
ドルチェ＆ガッバーナ	2,301	独立，非上場
キッコ	1,646	独立，非上場
ベネトン	1,221	独立，非上場
ディーゼル	1,103	独立，非上場
ヴェルサーチェ	795	マイケル・コース（2018 年）
モスキーノ	553	アエッフェ（1999 年）
ヴァレンティノ	532	メイフーラ・フォー・インベスト メンツ（2012 年）
フィラ	487	FILA KOREA（2007 年）
サルヴァトーレ フェラガモ	455	独立，上場
フェンディ	413	LVMH（2001 年）
マンダリナダック	380	独立，非上場
ロット	363	独立，非上場
ブリオーニ	306	ケリング（2012 年）
ミュウミュウ	291	プラダ・グループ
ディアドラ	283	独立，非上場
Roberto Cavalli	234	Vision Investments（2019 年）
Gianfranco Ferré	199	Paris Group（2011 年）
Cerruti 1881	192	トリニティ（2010 年）
エルメネジルド ゼニア	173	独立，非上場
カッパ	155	独立，非上場
GAS	149	独立，非上場
ボッテガ・ヴェネタ	142	ケリング（2001 年）
オフィチーネ パネライ	119	リシュモン（1997 年）

出典：MPP Consulting 資料より筆者作成。

立したままで企業成長を追求するために必要とされる要因
（あるいは，それを阻む要因）を明らかにする。

3　大手ラグジュアリー企業
エルメネジルド ゼニア

　イタリアの大手ラグジュアリー企業10社には，ジョルジ
オ アルマーニ，ドルチェ＆ガッバーナ，ヴェルサーチェな
ど，20世紀後半に設立された比較的新しい企業と，エルメ
ネジルド ゼニアのように，同時期にラグジュアリー市場へ
参入した歴史の長い企業の，両方が並んでいる。

　2017年に売上高が14億ドルだったエルメネジルド ゼニ
アは，1889年にアンジェロ・ゼニアによって設立され，繊
維生産からスタートした企業である。[19]ウールを専門にし，イ
タリアにおける産業革命の基盤を築いた数多くの繊維企業の
1つに数えられる。1910年，創業者の末子エルメネジルド・
ゼニアが事業を引き継いだ後は，ファッション業界向けの毛
織物サプライヤーとして発展し，1939年にゼニア・ブラン
ドを登録した。

　高級ファッション企業への移行は，2段階を経て行われた。
第1に，下請の専業企業にとどまることなく，メンズ既製服
(1968年)，次いでオーダーメイド（1972年）に乗り出した。そ
して1980年にはパリに，1985年にはミラノに，モノ・ブラ

19　CEDROLA and SILCHENKO（2016）。

ンド・ストアを開店した。

第2に，グローバル展開（1991年に北京にブティックをオープン）と，高品質製品の内製化（2000年にウール・メーカーのアニオナ，2002年に皮革製品メーカーのLONGHIを買収）を特徴とする戦略を採用した。ライセンス契約（ロレアル，Marcolin，ジラール・ペルゴ）や，合弁事業（2002年にサルヴァトーレ フェラガモと共同でZeFerを設立し，靴製造に進出），株式投資（2003年に中国の高級ファッション企業・夏蒙〔SharMoon〕資本の50％を取得）を通じて，製品の多様化も図っている。また2003年には，より若年層向けに価格帯を抑えたセカンド・ブランドZ Zegnaも立ち上げた。

一方で同社は，高級品の生産能力を維持・拡充し，グッチ，イヴ・サンローラン，トム・フォードなど，生産機能をまったくあるいは限定的にしか持たない有名ブランドの製品製造を担い続けている。1990年代以降にゼニアが推進した大きな変革は，垂直統合と製品多様化を特徴とする以上のようなものであった。

ただし，この間にもゼニアは，一貫して家族経営企業である。非上場ながら，その着実な発展から，成長は自己資金に基づくと推測される。1990年に約3億5000万ドルだった売上高は，2003年には6億100万ユーロ，2010年には9億6300万ユーロに達した。[20]それでも同社はコングロマリット化せず，同族の支配力を維持して，基本的には自社ブランド

20　*International Directory of Company Histories*, vol. 63（2004）；CEDROLA and SILCHENKO（2016）。

中心の事業に注力した。なお，このように生産の専業企業から，イタリアン・スタイルとウール製品の素晴らしさをアピールするマーケティング・ポジションへと移行した背景には，世界市場に向けて一貫性のある言説を強力に発信するヘリテージ戦略があった。

4 小規模ファッション専業企業
アエッフェ

　イタリアのラグジュアリー産業においては，1970 年以降に設立された小規模なファッション企業が半数近くを占めている。これらは，ほとんどが非上場の家族経営企業であるため，その経営の進化や国際的な拡大に関して，わかっていることは少ない。また，第 1 部で議論したような，ラグジュアリー産業の変革モデル（金融資本主義化，グローバル化，民主化）を，どの程度採用しているかを評価するのも難しい。こうした中，数少ない上場企業であるアエッフェについては，その発展を実績とともに振り返ることができる。[21]

　アエッフェ・グループは，もとは 1970 年代半ば，ファッション・デザイナーのアルベルタ・フェレッティがプレタポルテ・コレクションを発表するのに伴って設立され，1990 年代末までは衣料品の製造および販売の専業企業であった。ただ，モスキーノとは 1983 年から，後にはジャンポール・

21　SAVELLI（2011）；アエッフェ・グループ・ウェブサイト（https://aeffe.com/group-profile/，2020 年 6 月 20 日アクセス）。

ゴルチエやエマニュエル ウンガロなどとも，ライセンス契約を締結し生産を請け負ってはいた。それが21世紀に入って事業拡大期を迎え，モスキーノ（1999年）・Velmar（2001年）等のファッション・ブランドのほか，皮革製品のポリーニ（2001年）などを買収し，小規模ながらファッション・グループを形成した。成長に必要な資金を調達すべく，2007年にはミラノ証券取引所への上場も果たしたのである。

しかし，上場後もフェレッティ家は主要株主の地位にとどまり（2019年にはFratelli Ferretti Holdingが資本の38％を保有），経営を継続している。アエッフェのビジネスモデルは，2000年以降も根本的には変わっていない。それどころか，この時期は，従来のモデルが定着した期間だったともいえる。2004年から2019年にかけて，売上高は2億5100万ユーロから3億6200万ユーロへとわずかに増加したが，その半面，従来市場への依存度は高まった（売上高の構成比は，イタリアが39％から46％へ，その他のヨーロッパ諸国が20％から25％へと上昇している）。なおこの時期には，売上高に小売の占める割合も若干増加している（2004年は19％，2019年は27％）。

アエッフェは，オーナーが支配力を維持するために成長抑制的になっている小規模同族企業の典型であるといえよう。株式を公開している同社は珍しい例ではあるものの，そのことはイタリアにおける家族資本主義と矛盾しない。[22] 小規模ファッション企業には，フランス型のコングロマリットを形

22　COLLI and MERLO（2007）。

成するだけの資本力はない。アルマーニのようにデザイナー創業者がメディアを駆使したり，ゼニアのように特別な歴史的経験を持たない企業に，世界のラグジュアリー市場で強力なブランドを構築するためのヘリテージ戦略を採用することは困難である。そのため，アエッフェのような小規模企業は，外部投資家のターゲットになることが少なくないのである。

5 イタリアの家族資本主義の失敗

グッチとブルガリ

最後に，外国の企業グループに買収されたイタリアのラグジュアリー企業のケースを見ていくことで，これらの買収がどのような状況下で行われたかを明らかにしよう。本節で取り上げるのは，グッチとブルガリである。前者は皮革製品，後者は宝飾品を専門とする。両社とも家族経営企業であったが，20世紀終盤の数十年間に積極的に拡張（製品の多様化と市場の拡大）を図った結果，資本面で課題を抱え，独立を保つことができなくなった。

グッチの起源は，1923年にグッチオ・グッチがフィレンツェで開いた小さな高級皮革製品店である[23]。上流中産階級を対象に高級品を製造・販売する，典型的なラグジュアリー・ビジネスであった。第二次世界大戦後に創業者の子息3名が

<hr />

23 *International Directory of Company Histories*, vol. 50 (2003)；MOORE and BIRTWISTLE (2005)。

事業を承継し，1950年代初頭にはアルド・グッチを中心に
アメリカに拠点を移した。ハリウッド・スターや富裕層にレ
ザー・アクセサリーやフットウェアを提供したことで得た評
判をもとに，グッチ兄弟はアメリカ市場，さらにはヨーロッ
パ市場へと大規模な進出を開始，ブティックをオープンし，
アクセサリーのライセンスを発行した。1979年には，酒類，
コンドーム，トイレットペーパーなど，グッチ・ブランドの
製品は2万点にも及んだと報じられている[24]。

　このような状況で，ブランドの豪華かつ魅力的なイメージ
を維持することは不可能である。グッチは，ライセンスの乱
発がもたらす過度の民主化によって，高級ブランドが価値を
低下させた教科書的なケースといえる。しかし1980年代は
一族の対立や脱税などにも悩まされて改革を進められず，高
級ブランドとしての地位を世間に再確立するため新たな戦略
へと舵を切ることもかなわなかった。

　結局1990年代初頭，アメリカの子会社が赤字に転落，負
債を抱えるに至り，1992～1993年にグッチ家は保有株式を
投資ファンドのインベストコープに売却した。1982年にバ
ーレーンで設立された同ファンドは，アメリカの宝石店ティ
ファニーやスイスの時計メーカー・ブレゲなど，経営難に
陥ったラグジュアリー企業の買収と，リストラクチャリング
および売却を専門としていた[25]。

||||||||||||||||||||||||||||||||||||||

24　MOORE and BIRTWISTLE（2005）p. 261.

25　NUENO and QUELCH（1998）。

　果たして 1994 年に新しい経営陣が着任する。イタリア人弁護士・実業家のドメニコ・デ・ソーレは，法律顧問としてグッチ・アメリカにかかわった後，1984 年から同社の CEO を務めていた人物で，彼がグループの指揮を執ることとなった。また，ブランドのアーティスティック・ディレクターには，アメリカ人デザイナーのトム・フォードが就任した。1990 年代後半にグッチを高級ブランドとして位置づけ直したのは，この 2 人である。1995 年の 2 万点から 1999 年の 7000 点へとライセンス数を大幅に削減し，ブティックを買収して小売を内部化した。新しいオートクチュール・コレクションも発表した。トム・フォードという個性は，ブランドを体現するだけでなく，自身もディオールのジョン・ガリアーノに匹敵するメディア・セレブリティとなることで，この成功に貢献した。[26]

　同社の売上高は，1986 年には約 5 億ドルだったものが，2000 年には 23 億ドルに達した。[27]これは，投資家にとって非常に魅力的な成長だった。はじめに投資利益を得たのはインベストコープで，1995 年に資本の 30 ％を公開し，1997 年に残りを売却した。

　そうして資本市場にグッチが現れると，今度はラグジュアリー・コングロマリットが経営権の獲得に動き出した。プラダはグッチ株の約 10 ％を取得し，直後に LVMH へ売却し

––––––––––––––––––––––––––––––––––––

26　本書第 3 章参照。

27　*International Directory of Company Histories*, vol. 50（2003）。

た。1999 年にはベルナール・アルノーが資本の 34 ％を支配したことで，自主独立を望むイタリア本国の経営陣は不安を煽られた。そこで LVMH のライバルである PPR（現ケリング）が，増資を経て株式の 40 ％を取得する合意をグッチと交わす。それにより LVMH の保有率は 20 ％にまで減少することとなるため，このフランスの巨大コングロマリット 2 社の間に係争が生じる事態となった。最終的には 2001 年に PPR がグッチを傘下に組み入れ，ラグジュアリー部門の中核に据えるに至っている。[28]

　ブルガリは，20 世紀後半に高級アクセサリーに進出した家族経営の宝飾品企業である。[29]同社の起源は，19 世紀後半にギリシャ人金細工師のソティリオ・ブルガリスがイタリアの首都ローマへ移住したときにさかのぼる。彼は自身の姓をイタリア語読みのブルガリに改め，1884 年，ローマに店を開いて，自らの作品（ジュエリーとテーブルウェア）を販売した。家族経営で数十年かけて事業を拡大し，イタリアを代表するジュエラーとしての地位を確立した。その製品は，自然よりも芸術や建築からインスピレーションを得ており，フランスやアメリカの競合他社とは一線を画していた。

　海外進出および製品多様化の戦略をとったのは，3 代目の経営陣である。まず，1970 年にニューヨーク五番街に店舗

28　本書第 4 章参照。
29　*International Directory of Company Histories*, vol. 20（1998）。

を設け，続いてジュネーブ，モナコ，パリにも出店した。さらに 1975 年にはスイスに，ライターやペン，時計などを扱う子会社ブルガリ・タイムを設立した。その数年前に同様の戦略をとったカルティエに倣った取り組みであったことは間違いない。そして 1977 年には，ジュネーブの著名な時計デザイナー，ジェラルド・ジェンタによる「ブルガリ・ブルガリ」を発売した[30]。これらで事業は拡大しつつあったものの，1970 年代後半の売上高は 5000 万ドルともいわれ，依然として小企業に過ぎなかった[31]。

　転機が訪れたのは 1985 年である。事業の停滞と，同族経営者であるブルガリ兄弟の対立から，甥のフランチェスコ・トラーパニが 4 代目の経営者として呼び寄せられ，再生を仕されることとなった。トラーパニは，当時ラグジュアリー・メゾンによく見られた大規模な変革に着手する。すなわち，それまで主に上流階級の人々を相手に営んでいたビジネスを，アクセシブル・ラグジュアリー・ブランドとして位置づけ直し，1980 年代後半には世界の主要都市に次々とブティックをオープンしていった。高級アクセサリーへの多角化も加速させ，1990 年にはスイスのヌーシャテルに時計工場を開設し[32]，香水コレクション，シルク小物，革製品，アイウェアなども発売した。ほかに衣料品を展開すれば，総合的な高級メーカーとしての地位を確立できたところである。トラーパ

|||||||||||||||||||||||||||||||||||||||||||||

30　Donzé（2017a）。

31　*International Directory of Company Histories*, vol. 20（1998）。

32　*Journal de Genève*, 1990/9/24.

ニの戦略は奏功し，ブルガリの売上高は，1989 年には 1 億
5000 万ドルに，1996 年には 2 億 6900 万ドルに達した。

　ただし，この成長モデルを継続するには，多額の投資が必
要となる。1995 年，ブルガリはミラノ証券取引所に上場し，
資本の 32 ％を公開した。とはいえ，トラーパニは独立を維
持することを望み，2001 年には「独立系企業は，大規模グ
ループに統合されて行き詰まっている中規模ブランドよりも
成長が速い」と述べている。[33] その後も同社は，磁器への多
角化（1998 年，ドイツのローゼンタールとライセンス契約締結），コ
ンプリケーション・ウオッチの強化（1999 年，スイスのジェラ
ルド・ジェンタとダニエル・ロートを買収），ホテル業界への参入
（2001 年，マリオット・インターナショナルとの合弁会社を設立）な
どの取り組みを次々と展開していく。[34] 売上高は，2000 年に
は 7 億 6600 万ユーロ，2010 年には 11 億ユーロへと，さら
に増加した。[35]

　そして 2011 年 3 月，アルノーが LVMH によるブルガリ
の買収を発表する。これによって LVMH はジュエリー部門
を強化し，カルティエやティファニーに対抗する態勢を整え
ることができた。[36] ブルガリは，グローバル展開を継続してい
くために資本の増強を必要としていたが，当時ファミリーは
同社資本を 51 ％しか所有しておらず，その状態で株式を公

33　*Les Echos*, 2001/4/17.
34　*Les Echos*, 1998/8/3; 2001/2/14 : Donzé（2017a）。
35　*Les Echos*, 2004/6/14; 2011/3/7.
36　Kapferer（2015）。

開して支配権を失うリスクを冒すことはできなかったのである。そこでトラーパニは，コングロマリットへの統合をめぐって条件交渉に臨んだ。結果ブルガリ家は，自社と引き換えに LVMH 資本の 3.5 ％を受け取り，グループ第２位の同族株主となった。トラーパニは，LVMH の取締役となって時計・ジュエリー部門を統括し，2014 年まで同職を務めた。

　グッチとブルガリの事例を振り返ると，独立系のファミリー・ビジネスは，単に彼らが弱みを有するゆえにコングロマリットに買収されているわけではないということがよくわかる。買収に乗り出すラグジュアリー・ブランドの巨人たちが，多様で補完的なブランド・ポートフォリオを構築するために繰り広げる競争は，じつに激烈なものである。

　ジュエリー業界には，こうした動きが鮮明に現れている。現在，主立った高級ジュエリー・ブランドでコングロマリットに属していないのは，ショパールとグラフだけである[37]。ジュエリー界で最大のコングロマリットであるリシュモンは，1999 年に当時イタリアの繊維グループ Frateni が所有していたフランス系アメリカ企業のヴァン クリーフ＆アーペルを，2019 年にはルネッサンス風のジュエリーで有名なイタリアのジュエラー・ブチェラッティを買収した。ニッチなブランドを取得して，リシュモンが創業以来所有する２つの旗艦ブランド・カルティエとピアジェをさらに補完しようとし

ているのである。

　一方 LVMH は，創業当初はジュエリーを手がけていなかったが，1995 年に国内市場向けに比較的小規模に展開していたフランスのブランドであるフレッドを傘下に収め，その後，同じくフランスのショーメを買収 (1999 年)，南アフリカのダイヤモンド・ディーラーであるデビアスとは合弁会社を設立して，このブランドをダイヤモンド・ジュエリー販売に活用し (2001 年)，さらに上述の通りブルガリを買収した (2011 年)。中でデビアスは，高級宝飾品市場に浸透しきれず，LVMH は 2017 年に合弁事業から撤退するが，その同社がたった 2 年後に，今度はティファニーの買収を発表したわけである。

　このように，ジュエリー・ブランドのポートフォリオ構築をめぐってリシュモンと LVMH が相争う様子を見れば，コングロマリットの目的が苦境にある独立系ファミリー・ビジネスの救済でないことは明らかである。コングロマリットがこれらの買収に多額の資金を投ずるのは，戦略的な理由によるものなのである。

6 なぜイタリアには コングロマリットがないのか

　これまでの議論からわかる通り，独立企業として世界市場で成長を遂げたジョルジオ アルマーニをもって，イタリアのラグジュアリー企業全体を一般化することはできない。ただ，同様のモデルをとる企業は複数社あり，プラダ，フェラ

ガモ，ゼニアなどの大手企業も含まれる。このモデルの特徴は，自己金融と，安定的な成長，創業者のカリスマ性に基づく強固なヘリテージ，高度に統合された活動（アクセサリーや，服飾品における複数のライン，流通）といった各点にあるといえる。

イタリア以外では，オートクチュールでのシャネル，皮革製品・アクセサリーのエルメスやロンシャン，高級ジュエリーのパンドラやスワロフスキー，時計のロレックス，パテック フィリップ，オーデマ ピゲなど，専業企業が独立を維持していることが多い。これらの企業は，イタリアの高級クチュリエと共通する特徴（資金面で自立していること，同族内に大きな対立がないこと，わかりやすく象徴的な製品を活用して強力なブランドを築き上げていること）を有しており，コングロマリットに統合されずにグローバル市場で成長してきた。

しかし，独立系企業のモデルは，これだけではない。第4節で見たように，1970年代半ば以降に設立された小規模専門企業群が存在する。これらは，規模が小さいことそれ自体や，ニッチなポジショニング，そして特定のヘリテージ戦略をとれないこと（多くは「メイド・イン・イタリー」を主張しているに過ぎない）により，発展に限界を抱えている。そうしたことから，高級ブランドのポートフォリオにイタリア企業を含めたいと考える投資家にとって，格好のターゲットとなっている。

実際，海外グループに買収される家族経営企業が少なくないことは，同国のラグジュアリー産業における特徴の1つといえる。1960年代から1970年代にかけ，グッチとブルガリ

の間には，製品多様化（グッチは積極的，ブルガリは限定的）や，成長度合い（グッチは急激，ブルガリは安定的）などに相違が見られた。ところが1980年代に入ると両社とも，財務面（売上の伸び悩みや負債の増大）および経営面（同族間の対立）で困難に直面し，オーナーはグローバル化したラグジュアリー市場における成長戦略を実行すべく経営陣を刷新した。このようなリポジショニング政策自体は，アルマーニをはじめとする他のイタリア独立系ファッション・ハウスにも見られるものであるが，これには資金的な手段が必要とされる。創業家がそうした方策を持たない，あるいは創業家に投資の意思がない場合，それはケリングやLVMHにとって買収の機会となるのである。

　グローバル化したラグジュアリー市場において伝統的な家族資本主義が限界に突き当たるというのは，イタリアに限った現象ではない。フランスのファッション企業やシャンパン・メゾン，スイスの時計メーカーも同様の問題を抱えており，独立していた多くのファミリー・ビジネスが，コングロマリットや企業グループの傘下に入っている。

　それはともかく，なぜイタリアには多角的なラグジュアリー・グループやコングロマリットが生まれないのだろうか。これを試みた数少ない例は，ベネトン家である。1970年代から1980年代にかけてニットウェア市場で大きな成長を遂げた同家は，利益をファッション・ハウスのフィオルッチに再投資し（1981年），さらに高級靴メーカー Calzaturificio di Varese も買収した（1984年）。しかし，この多角化は，強固なアイデンティティを有する小企業を統合する難しさから，

成功しなかった。[38]

　前出のメルロは，こうした困難を指して，イタリア資本主義の限界と呼ぶ。家族経営の民間企業は，独立の維持を望みながらも，資本不足から，海外グループにとって理想的な買収対象となっている。産業内における家族経営企業同士の競争も激しく，そのことで企業間の連携が阻まれている。[39] カプフェレやフランスの経済紙も同様の見解を示す。[40]

　とはいえ，これはラグジュアリー産業に限った問題でもなさそうである。フランスやスイスの大規模コングロマリットを設立したのは，他業界からやってきた企業家たちである。彼らは，激変する市場に伝統的な高級ブランドがもたらした機会を捉えた。イタリアでは LVMH のようなピラミッド型の組織構造が一般的であるにもかかわらず，同国にラグジュアリー・グループの形成に乗り出す企業家が現れなかったことは，不思議としかいいようがない。[41] 前述したベネトンの事例は，ファッション業界出身の企業家によるものであった。イギリスのビジネスパーソンにも同様の傾向が見られる。著名なファッション・ブランド（バーバリー）や，独立系デザイナーズ・ブランド（ポール・スミス，アレキサンダー・マックイーンなど）が多く存在するが，コングロマリットを形成しようという企業家精神が見られないのである。

‖‖‖‖‖‖‖‖‖‖‖‖‖‖‖‖‖‖‖‖‖‖‖‖‖‖‖‖‖‖‖

38　COLLI（2017）。

39　MERLO（2018）pp. 60-61.

40　KAPFERER（2015）: *Les Echos*, 2018/9/25.

41　COLLI, RINALDI and VASTA（2016）。

第 **6** 章

工業グループ

　1994 年，アウディは最高級セダン「A8」を発売し，それまでメルセデス・ベンツと BMW が独占していたドイツの高級車市場に衝撃的な参入を果たした。これは，当時，中年男性向けと思われていたアウディ・ブランドの大幅な変革を目的としたものだった。同社の経営陣は，革新的な製品（アルミニウム製のボディを持つパワフルな車）を開発し，新しいターゲット（家族や女性を含む高所得者）を措定し，ラグジュアリー市場にヒントを得たマーケティング戦略（顧客への専用サービス，特別な販売網など）を採用した[1]。効果はすぐに表れた。1985 年以降，年間 40 万台程度で停滞していた販売台数は，そのほぼ半分が国内市場向けであったが，2000 年には 65 万3000 台以上（海外比率63.3 ％），2015〜2019 年には各年 180 万台以上（海外比率85 ％）にまで増加したのである[2]。

　アウディが自動車市場においてアクセシブル・ラグジュアリー・ブランドに生まれ変わったのは，上述のような新しい戦略への転換だけが理由ではない。成功の鍵は，フォルクスワーゲン・グループへの統合にあった。これにより，グループ内の異なるブランド車の生産に対応した共通プラットフォームを利用できるようになったからである。

　フォルクスワーゲンは，トヨタと並ぶ世界最大の自動車メーカーである。同社は，内部成長のみならず，セアト（1986年），シュコダ（1994 年），ベントレー，ブガッティ，ランボ

|||||||||||||||||||||||||||||||||||||||||

1　Audi AG（1998）：Donzé *et al.*（2022）。

2　Audi AG, "Geschäftsbericht," 1985–2019.

ルギーニ（以上1998年），ポルシェ（2012年）といった競合他社を買収することによっても，その地位を築いてきた。目的は明らかに，低価格車から高級車まで，すべての市場セグメントにおいて，それぞれに強力なブランドを擁し，プレゼンスを確保することにある。

　1990年代には，部品の標準化と，上述の共通プラットフォームの構築を企図して，生産システムの合理化を進めた。[3]　アウディも，それら技術・生産環境の恩恵を受けて，プレミアム市場における競争力の源泉を得たのである。ベントレー，ランボルギーニ，ポルシェの一部モデルも同様であった。ただ，これらのブランドはエクスクルーシブ・ラグジュアリーとしてポジショニングしているため，独自の生産も継続している。

　現代ラグジュアリー産業の観点からすると，フォルクスワーゲンは特異なタイプの企業に見える。LVMHのようなラグジュアリー・コングロマリットは多数のブランドを有しているが，そのほとんどは高級品セグメントに属している。フォルクスワーゲン・グループはそうではない。同社の競争力は，多様で補完的な高級ブランドのポートフォリオではなく，グローバルな開発・生産システムが下支えしている。エントリー・モデル（シュコダ）や大衆車（フォルクスワーゲン）から，手の届く高級車（アウディ），超高級車（ベントレー，ブガッティ，ポルシェ，ランボルギーニ）まで，セグメントを問わ

―――――――――――――――――――

3　Grau（2000）p. 24.

ず共通の技術ノウハウが応用されているのである。

　自動車産業において，アウディとフォルクスワーゲンのようなケースを見つけることは難しくない。たとえばイタリアのフィアットは，早くも 1960 年代末にはフェラーリを傘下に収め，以降，アルファロメオ (1986 年)，マセラティ (1993 年) などを買収している。ジャガーは，フォードに買収された後 (1989 年)，インドのタタに売却された (2008 年)。BMW もロールス・ロイスを買収した (1998 年)。メルセデス・ベンツもダイムラーの自動車グループの一角を占める。主要な高級車ブランドの中で独立独歩なのは，アストンマーティンだけである。例外的なのはトヨタで，高級車ブランド・レクサスを子会社として自ら立ち上げた (1989 年)。

　このように，エントリー・ブランドやミドルレンジ・ブランドをも巻き込んだ M&A の波は，貿易・投資の自由化がもたらした世界市場の競争激化に起因するものである。自由化に伴って，大手自動車メーカーはグローバルな自動車生産組織を立ち上げ，複数ブランドに共通のプラットフォームを導入した。そうして生産を合理化したことが，さらに独立のブランドを買収しようという動きにつながり，グループが形成されていった。[4]

　上述の自動車会社と同様に，幅広いセグメントに展開する工業グループが，ラグジュアリー市場でも存在感を放っている例は，ほかにもある。たとえばホテル業界にも，アメリカ

4　Nieuwenhuis and Wells（2015）。

のマリオットやハイアットのようにラグジュアリーに特化した大規模グループだけでなく，ヒルトン・グループやアコー・グループのように，あらゆる市場セグメントにプレゼンスを示す企業が存在する。アコー・グループでいえば，高級ホテルのラッフルズやソフィテル，プレミアムなモーベンピックやスイスホテル，より手頃なノボテル，エントリー・レベルのイビスホテルを擁する。多角的なホテル・グループの競争力は，自動車産業のような工業技術によるものではない。それは，ロイヤリティ・プログラムの会員になっている顧客のあらゆるニーズに応えるだけの，多様なサービスを提供できるかにかかっている（高級ホテルでのビジネス滞在から，低価格ホテルでの家族旅行まで）。

　デロイトのラグジュアリー企業ランキングによれば（表2.1），エスティ ローダー，ルックスオティカ，ロレアル，スウォッチ グループなど，トップ100にも工業グループがランクインしている。これらの企業に共通しているのは，フォルクスワーゲンもそうであった通り，もとは高級品メーカーではなかったという点である。いずれも生産技術に長け，革新的な製品開発能力を有することで，業界のリーダーの地位に就いた。そうした競争優位を背景に，多様な方法でラグジュアリー産業に参入している。

　スウォッチ グループは，フォルクスワーゲンに類似した特徴を持つ。すなわち，1990年代にムーブメントの生産を

5　QUEK（2011）。

合理化するとともに，補完的なブランドを買収していった。独立系メーカーのロレックスや日本のセイコーと並んで，世界最大級かつ最も洗練された時計製造設備を保有しており，それによって，エントリー・レベル（スウォッチ）から，プレミアム・ブランド（ロンジン），アクセシブル・ラグジュアリー（オメガ），エクスクルーシブ・ラグジュアリー（ブランパン，ブレゲ）まで，幅広いセグメントに属するブランドを傘下に収め，ポートフォリオを展開することが可能になっている。同社の発展をめぐる詳しい経緯については，筆者の既刊書における分析も参照されたい。[6]

　フォルクスワーゲンとスウォッチ グループはいずれも，生産のシナジー効果を享受できる工学的な業種に属している。一方，香水や化粧品，眼鏡といった業種では，状況が大きく異なる。本章の各節で，これらについて詳しく検討していこう。まずロレアルは，自動車や時計に比較的近いケースである。同社は，ラグジュアリー市場での成長を可能にする特定のノウハウを持っていた。ルックスオティカとインターパルファムも，ある特定の技術に通じた専業工業グループである。その技術は，ラグジュアリー市場にしかないというものではないが，本質的なものといえる。これらの企業は，他業種ブランドの下請として，アクセサリーを製造している。

‖‖‖‖‖‖‖‖‖‖‖‖‖‖‖‖‖‖‖‖‖‖‖‖‖‖‖‖‖‖‖

6　DONZÉ（2012a）日本語訳。

1 化粧品業界の巨人

ロレアル

2020 年現在，ロレアルの資本規模は LVMH にこそ及ばないものの，パリ証券取引所に上場している企業の中で最も巨額な部類に含まれる。2019 年，従業員の 66 ％以上はヨーロッパで雇用されているが，売上高構成比は西ヨーロッパが 27.7 ％，北米 25.2 ％，アジア太平洋 32.3 ％，その他の地域 14.8 ％となっており，地域間の偏りが少ないグローバル企業である。売上高は 318 億ドルで，ユニリーバ（224 億ドル），エスティ ローダー（142 億ドル），プロクター・アンド・ギャンブル（132 億ドル），資生堂（97 億ドル）を抑えて，世界の美容市場で最大の企業であるとされる。[7]

合計 36 のブランドを，消費者向け（ロレアル，メイベリン，Garnier など），ラグジュアリー，プロフェッショナル（ロレアル プロフェッショナル，ケラスターゼなど），スキンケア（ラ ロッシュ ポゼ，Vichy Laboratoires など）の主要 4 部門に分けて展開している。同社は，美容市場の主立ったセグメントすべてでプレゼンスを有することによって，リーディング・カンパニーたりえているといえよう。このように，ロレアルは高級品を専門とする企業ではなく，ラグジュアリー市場への参入は，会社設立から 50 年を経たころに行われた企業買収やライセンス契約によって実現したものである。

||||||||||||||||||||||||||||||||||||||||||

7 L'Oréal, "Annual report," 2019.

　ロレアルの起源は，1909 年にアルザス出身の化学者ウ
ジェーヌ・シューラーが開発した革新的な製品を製造・販
売するため，フランス無害染毛（Société Française de Teintures
Inoffensives pour Cheveux）という名称で設立された小企業であ
る[8]。ちなみにロレアルは，パリの美容院で販売していた新し
い染料のブランド名であった。1928 年にモンサヴォンを買
収して石鹸事業に乗り出したり（1961 年にプロクター・アンド・
ギャンブルへ売却），シャンプーや日焼け止めを自社開発する
など，戦間期に多角化を進める。1939 年にはロレアル株式
会社に名称変更し，公開有限会社となった。第二次世界大戦
後は，国内の化粧品市場で成長を続け，アメリカを中心に海
外にも進出，1955 年には Vichy Laboratoires を買収した。

　この2年後，シューラーの死去に伴い，経営権は親族外の
専門経営者フランソワ・ダルに引き継がれたが，創業者の唯
一の相続人であった娘のリリアーヌ・ベタンクールが資本の
支配権を保持した。1963 年にパリ証券取引所に上場を果た
すものの，優先株制度と，1974 年にスイスの多国籍企業ネ
スレとの間に締結された出資契約により，その後もベタンク
ール家は会社の支配権を維持している。2019 年，ベタンク
ール家およびネスレの保有分は合わせて 56 ％に達する[9]。一
方，株式公開で調達した資金は，1960 年代から 1970 年代に
かけて数多くの企業の買収に投じられた。

||||||||||||||||||||||||||||||||||||||||||||

8　Marseille（2009）；Jones（2010）。
9　L'Oréal, "Annual report," 2019 ; Jones（2010）p. 177.

　ロレアルを小規模な家業から世界的な巨大化粧品企業に育て上げたのは，1984年まで社長を務めたダルだった。彼の退任から5年後の1989年，同社はユニリーバに次ぐ世界第2位の化粧品メーカーとなる。[10] 戦略としては，販売を国際化し，ポジショニングが明確なブランドを補完的に備えたポートフォリオを構築し（ブランド別に販売ネットワークも分けるなど），製品別複数事業部制組織を導入した。最後の点は，コンサルティング会社マッキンゼーによる1969年のレポートにヒントを得たという。[11] またロレアルは，広告に多額の投資を行うことでも知られる。1980年には，フランスで広告予算の最も大きな企業といわれていた。[12] こうした化粧品大手の世界的な競争が，雑誌・ラジオ・テレビにおける誇大な広告合戦をもたらしたともいえよう。

　ロレアルが高級品分野への参入を図ったのは，以上のような成長のもとでのことであった。1964年，高級化粧品および香水を専業とする小企業ランコムを買収する。同社商品は1955年時点ですでに98カ国で販売され，著名人がアンバサダーとしてプロモーションを行っていたことから世界的に知られてはいたものの，対象は上・中流階級の顧客で形成される小規模な伝統的高級品市場であった。[13] それを1980年代に，ロレアルがアクセシブル・ラグジュアリー・ブランドとして

‖‖‖‖‖‖‖‖‖‖‖‖‖‖‖‖‖‖‖‖‖‖‖‖‖‖‖‖

10　JONES（2010）p. 371.

11　*International Directory of Company Histories*, vol. 8（1994）。

12　JONES（2010）p. 160.

13　JONES（2010）pp. 204-205.

路面電車に施されたランコムのラッピング広告
（香港，2018 年）

出典：Wikimedia Commons.

位置づけ直し，幅広い顧客層に訴求したのである。この取り組みは，とりわけアメリカ市場で成功を収め，1999 年に進出した中国でも奏功した。[14]

　また，この買収によって香水の製造能力が内部化され，ギ・ラロッシュ（1965 年），クレージュ（1970 年），キャシャレル（1975 年）など，多くのオートクチュール・ブランドとライセンス契約を結ぶことが可能になった。ライセンス戦略は，ラルフ ローレン（1985 年），ジョルジオ アルマーニ（1988 年）との契約により，国際化していく。こうしてロレアルは，このころ創業したインターパルファムと同様，ラグジュアリー企業が化粧小物の開発を考える際のパートナー候補という地位を確立したのである。

||||||||||||||||||||||||||||||||||||||

14 JONES（2010）p. 207.

　ブランド・ポートフォリオは，PPR（現ケリング）の子会社であったイヴ・サンローラン・ボーテの買収（2008 年）や，ヴィクター＆ロルフ（2002 年），ディーゼル（2006 年），プロエンザ スクーラー（2015 年）などとのライセンス契約によって拡充されていった。さらに，アジア市場の重要性と特殊性に着目し，日本の高級化粧品メーカー・シュウウエムラコスメティックス（2003 年）と中国の化粧品メーカー Yuesai（羽西，2004 年）の株式を取得，買収した。[15]

　とはいえ，ロレアルの中でラグジュアリーは一貫して中心的な事業ではなかったのだが，21 世紀に入り役割が大きくなりつつある。1999 年まで同社は，香水・化粧品部門（ラグジュアリー・ブランドは除く）と，ラグジュアリーおよびスキンケア・医薬品部門に分かれており，ラグジュアリー・ブランドは 1 つの部門にまとめられていなかった。それが，2000 年の組織再編でラグジュアリー・ブランドを独立した部門にまとめ，香水・化粧品部門で責任者を務めていたジル・ワイルが部門長に就任した。このように部門を独立させたことは，グループにおいて高級品の重要度が増してきたことの反映と捉えられる。[16] さらに 2009 年には生産面の再編も行い，高級ブランド品の生産拠点を北フランスに集約した。[17]

　過去 20 年間の売上高推移から，ロレアル リュクス事業本部が会社全体の成長に寄与している様子を見て取ることがで

15　*Les Echos*, 2000/11/27 : *Financial Times*, 2016/2/29.

16　L'Oréal, "Annual report," 2000.

17　*Les Echos*, 2009/4/7.

きる（図6.1）。ラグジュアリー部門のシェアが26.7 %（2000年）から24 %を下回る水準（2006〜2009年）にまで低下した同図の前半期には，グループ全体の成長率も低かった（2000年127億ユーロ，2009年175億ユーロ）。ところが，その後は堅調な成長を示し，10年後の2019年には成長率70 %以上ともなる299億ユーロの売上高を記録する。この間，ラグジュアリー部門のシェアは36.9 %にまで拡大した。こうしてロレアル リュクスは，表2.1のランキングでも世界第7位のラグジュアリー企業となったのである。

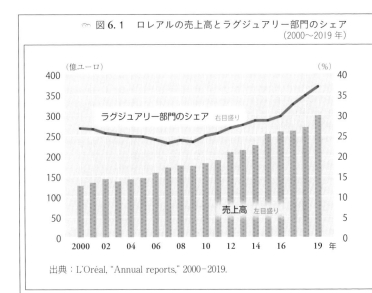

⌒ 図6.1　ロレアルの売上高とラグジュアリー部門のシェア
（2000〜2019 年）

出典：L'Oréal, "Annual reports," 2000-2019.

2　高級アクセサリー製造

ルックスオティカ

　ロレアルの事例は，ラグジュアリー市場に参入し成長していこうとする際，ノウハウの持つ重要性を浮き彫りにするものだった。それがあったからこそ，独自の化粧品を展開しようとするハイファッション・ブランドとのライセンス契約が可能になったのである。

　1980年代から1990年代に起こった大変革の中で，ほとんどのラグジュアリー企業は，顧客層を広げて利益を上げるために，アクセサリーに多角化する戦略を採用した。この機会を捉え，大手高級ブランドのアクセサリー開発・製造に特化して成長の道を見出した小規模企業が存在する。たとえばイタリアでは，眼鏡や皮革製品の中小企業に，そうしたところが多い。これらの企業は大多数が自社ブランドを持たない。しかし，複数ブランドを扱うアウトレットなどでのアクセサリー販売に，自ら乗り出していく企業がないわけではない。ルックスオティカは間違いなく，その最たる例である。[18]

　ルックスオティカは，1935年にミラノで生まれたデザイナー，レオナルド・デル・ヴェッキオが，1961年にヴェネト州に設立した小さな眼鏡フレーム工場に始まる。1967年に自社ブランドを登録して独立の眼鏡業者となったが，下請業者としても事業活動を行い，1970年代末まで生産技術の

18　Campagnolo and Camuffo（2011）; Luxottica, "Annual reports".

向上に注力した。それが1980年代に入ると、グローバルな流通の垂直統合に着手し、転機を迎える。流通業者を何社か買収して、海外に多数の販売子会社を設立したのである。また、1988年のジョルジオ アルマーニを皮切りに、ヴァレンティノやイヴ・サンローランといったファッション・ハウスと契約を結び、ライセンス・アイウェアの製造も開始した。1979年に160億リラ（約1900万ドル）だった売上高は、1991年には4600億リラ（約3億7000万ドル）に達し、大きな成功を収めた。[19]

　1990年、ルックスオティカはニューヨーク証券取引所に上場し、創業者一族が経営権を保持したまま、資本の23％を公開する。以降も、基本的な成長戦略は、小売店への投資とライセンスの拡大だった。1990年代初頭の時点でアメリカには約2万8000軒の眼鏡店が存在した。それまで同国内では主に、独立の眼鏡店を通して販売を行っていたルックスオティカは、1995年、700店以上を展開する眼鏡店チェーン（LensCrafters）を有する United States Shoe Corporation を、18億ドルで買収した。これにより売上は倍増（図6.2）、その後も同社は世界中で小売店を買収し、2018年には7000以上の直営店を擁するまでになっている。同年の売上高に占める直販の割合は64％であった。

　ライセンス生産も、ブルガリ（1997年）、シャネル（1999年）、プラダ、ヴェルサーチェ（以上2003年）、ダナ キャラン（2005

19　*International Directory of Company Histories*, vol. 52（2003）。

年），ドルチェ＆ガッバーナ，バーバリー（以上2006年），ポロ ラルフ ローレン，ポール・スミス（以上2007年），ティファニー（2008年），コーチ（2012年）と，次々に契約を締結し，大幅に拡大した。また，レイバン（1999年），オークリー（2007年），アラン ミクリ（2013年），福井めがね工業（2018年）を買収してブランド・ポートフォリオも拡充，果たして現在は，イタリア，アメリカ，フランス，日本に眼鏡メーカーを有する体制となった。

　こうしてルックスオティカは1990年代半ばから驚異的な成長を遂げ，売上高は1990年の1億9000万ユーロから2000年には24億ユーロに，2017年には92億円のピークに達した。その後2018年にわずかな減少を見せたものの，同

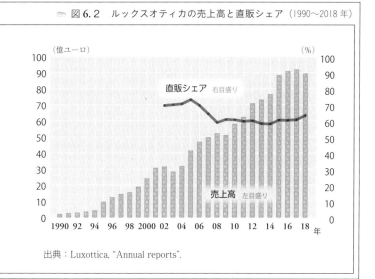

図6.2　ルックスオティカの売上高と直販シェア（1990〜2018年）

出典：Luxottica, "Annual reports".

年にはフランスの同業エシロールと経営統合し，売上高150億ユーロを超える世界的な巨大企業となるに至った。なお，創業者のデル・ヴェッキオは，統合後もエシロール・ルックスオティカの資本38％以上を保有し，決定的な影響力を保持し続けた。

3 高級香水事業

インターパルファム

　香水は，古来の嗜好品として，パリのオートクチュールの発展と歩みをともにしてきた。[20] ピエール・ゲランがパリにメゾンを開いたのは，1828年のことである。20世紀に入ると自ら香水を手がけるファッション・デザイナーが現れ，シャネルの「N°5」に代表される通り，戦間期にはブームにもなった。[21] その後1960年代から1970年代にオートクチュールが危機に陥った際，自社内に香水製造の能力を有するファッション・ハウスの中には，これら収益性の高い部門を売却したケースも見られる。パルファン・クリスチャン・ディオールが，何段階かを経てモエ・エ・シャンドンに売却されていったことには，本書でも幾度か言及している。

　1980年代から1990年代にかけて，ラグジュアリー企業が変革期を迎えると，香水はそれらのグローバル化戦略におけ

iiiiiiiiiiiiiiiiiiiiiiiiiiiiiiiiiiiiiiiiiiiiii

20　Briot（2015）。

21　Briot（2018）。

る主要なアクセサリーとなっていく。付加価値が高い一方
で，多くの消費者にとって入手が容易であり，ブランドの
メッセージを伝えるのに好都合な製品だからである。そうし
たことから，香水市場は21世紀初頭に急成長を遂げた。ユ
ーロモニターインターナショナルによれば，世界の市場規模
は2005年の339億ドルから2018年には514億ドルへと成長
した。うち，プレミアム・ブランドとラグジュアリー・ブラ
ンドのシェアは35％程度で一定している。[22]

　2018年，香水事業における最大手10社のシェアは，合計
で世界市場の56.8％に達した（表6.1）。しかし，この市場に
はシェアの小さな企業も100社以上存在する。

　また，企業のランキングではラグジュアリー製品と大衆向
けが区別されておらず，ミドルレンジをターゲットとしてい
るブラジルの2社も含まれているが，ブランドのデータを見
ると，高級香水の存在感が大きいことがわかる。コティはカ
ルバン・クライン，HUGO BOSS，グッチなどの，ロレアル
はジョルジオ アルマーニ，イヴ・サンローラン，ランコム，
ラルフ ローレンの，Puigは Paco Rabanne，ジャンポール・
ゴルチエの，資生堂はドルチェ＆ガッバーナのライセンス
を，それぞれ有する。シャネルとLVMHは，自社ブランド
を持っている。

　このランキングから，高級香水企業は，おおむね2つの
タイプに分けられるといえよう。第1は，非専業企業であ

---

[22]　ユーロモニターインターナショナル・ウェブサイト（https://go.euromonitor.
com/passport.html，2020年8月30日アクセス）。

る。代表例はもちろん，LVMH グループである。同社は設立当初より，パルファン・クリスチャン・ディオールとパルファム ジバンシイを擁していた。その後，香水専業のゲラン（1994 年），フランス最大の香水・化粧品小売チェーンであるセフォラ（1997 年）を傘下に収める。グループの生産機能はケンゾーやロエベといった他の LVMH ブランドにも利用されており，2011 年には専門子会社 LVMH フレグランスブランズを設立した。近年はメゾン フランシス クルジャンのような新興の高級香水専業メーカーも買収している（2017 年）。

　もう一例あげるとすれば，オートクチュール・メゾンのシャネルがそうであろう。かの有名な「シャネル N° 5」の製

〜 表 6.1　世界のフレグランス企業トップ 10（2018 年）

企業名	国	主要事業	市場シェア（%）
コティ	アメリカ	香　水	11.1
ロレアル	フランス	化粧品	8.2
LVMH	フランス	コングロマリット	7.2
Puig	スペイン	化粧品・香水	7.1
エスティ ローダー	アメリカ	化粧品	5.3
シャネル	フランス	ファッション	4.5
ナチュラ＆カンパニー	ブラジル	化粧品	4.2
Grupo Boticário	ブラジル	化粧品	3.7
エイボン・プロダクツ	アメリカ	香　水	3.3
資生堂	日　本	化粧品	2.2
合　計			56.8

出典：Euromonitor International.

造は，1923 年に別会社 Parfums Chanel へと委託された。同社は，19 世紀末に化粧品企業のブルジョワに資産を投じたヴェルトハイマー家が，過半数を所有した企業である。なお，1950 年代に，この一族がシャネル全体を支配下に置いてから，オートクチュールと香水は一企業に統合された[23]。

　高級香水企業のタイプ第 2 は，専業，あるいは隣接する化粧品事業を営む企業である。ほとんどが自社ブランドを展開しているが（コティ，ロレアル，資生堂など），他のファッション・ブランドのライセンス品を製造することも，もちろんある。こうした企業の競争力は，高級香水の開発・生産・販売能力に基づいている。

　中で，自社ブランドを持たずライセンス生産に特化しているにもかかわらず表2.1 にランクインしている，インターパルファムや Euroitalia は，特筆に値する存在である。以下で，前者について見ていくこととしよう。1990 年代以降ファッション産業で広範囲に生じたアクセサリーへの多角化が，競争力のあるビジネスモデル構築の好機となったことがわかると思う[24]。

　1982 年，フランスのエセック・ビジネススクールを修了した 2 人の若きビジネスパーソン，フィリップ・ブナサンとジーン・マダーは，高級品に類似していながらも安価な香水の発売を企図して，インターパルファムを創業した。3 年

23　*International Directory of Company Histories*, vol. 49（2003）。

24　*International Directory of Company Histories*, vol. 35（2001）。

後，彼らは，他企業の設立・買収に必要な資金調達を目的に，自らが所有する Jean Philippe Fragrance を設立し，ニューヨーク証券取引所に上場する（1996 年時点でも資本金の59.3 ％を保有）。そして 1989 年には高級香水を製造・販売する Elite Parfums を設立，バーバリーをはじめとする複数のファッション・ブランドとライセンス契約を結び（1993 年），モリニューとヴェイユを買収した（1994 年）[25]。1992 年の売上は 5000 万ドルに満たない小規模なものだったが，バーバリーの香水が大ヒットしたことで，1999 年には売上高 8700 万ドルを上げるまでに成長した。当時バーバリー製品は，うち 38 ％を占めた。

　こうしてラグジュアリーへのリポジショニングに可能性を見出したブナサンとマダーは，大衆向け製品や有名商品の模倣を廃し，高級品セグメントへの移行を図る。時しもファッションの各メゾンはアクセサリー強化による拡大戦略を遂行しており，そのことが同社に並外れた機会を提供することとなった[26]。1999 年には社名をインターパルファムへと変更，前後してラグジュアリー・ブランドとのライセンス契約を続々と締結していく。主立ったものだけでも，ポール・スミス（1998 年），クリスチャン・ラクロワ（1999 年），セリーヌ（2000 年），ランバン（2004 年），ヴァン クリーフ＆アーペル（2007 年），ジミー チュウ（2009 年），モンブラン，ブシュ

||||||||||||||||||||||||||||||||||||||||||||

25　*Les Echos*, 1994/1/25.

26　本書第 3 章参照。

ロン（以上 2010 年），ダンヒル（2012 年）などがある。

とりわけ，LVMH 傘下のクリスチャン・ラクロワおよびセリーヌとの契約は画期をなした。これにより，ベルナール・アルノーのコングロマリットがインターパルファム資本の約 20 ％を所有することとなったからである。ただ，LVMH は 2005 年にクリスチャン・ラクロワを売却，セリーヌのライセンスも 2007 年に満了したため，現在 LVMH との資本関係は解消されている。とはいえ，この一時的な協力関係を機に，インターパルファムは世界のラグジュアリー市場で正当性を獲得し，マネジャー層の派遣など人材面でも得るところが少なくなかった。

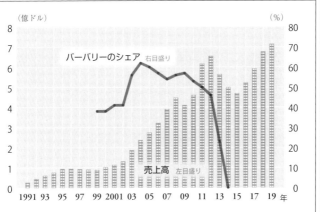

✎ 図 6.3　インターパルファムの売上高とバーバリーのシェア
(1991〜2019 年)

注：1999 年以前のバーバリー製品のシェアは不明。

出典：Inter Parfums, "Annual reports," 1991–2019.

　しかし，同社の驚異的な成長を演出したのは，なんといってもバーバリーである。売上高は，2000年の1億160万ドルから2012年のピーク時には6億5410万ドルにまで増加したが，この間2003年から2011年まで，バーバリーの売上は常に半分以上を占めた（図6.3）。ところが，直後の2012年に同ブランドはインターパルファムとのライセンス契約を終了，数年間の自社管理を経て，2017年にコティと新たな契約を締結した。インターパルファムにとってこの影響は大きく[27]，2015年には売上高が4億6850万ドルにまで落ち込んでいる。

　ただ，日本の三陽商会がアパレル事業におけるバーバリーのライセンスを失って以降苦境続きであるのに対し[28]，インターパルファムは，アメリカその他の企業とライセンスを複数締結し（2012年：カール・ラガーフェルド，2013年：上海灘，2014年：Abercrombie & Fitch，2015年：コーチ，2018年：グラフ，ゲス），プロクター・アンド・ギャンブルからもロシャス・ブランドを引き継ぐ（2015年）などして対応した。こうしてブランド・ポートフォリオを再構成することにより，改めて急成長を実現している。

27　*Les Echos*, 2017/4/3.

28　本書第1章参照。

4　ものづくりからラグジュアリーへ

　以上の事例からも明らかなように，工業生産能力は，ラグジュアリー市場に携わる企業に競争優位をもたらす。手作業の職人仕事という蠱惑的なイメージとは裏腹に，ラグジュアリー産業における工業グループの存在感は大きく，高品質な製品を大量生産できる能力が重要になっているのである。フォルクスワーゲン，スウォッチ，ロレアル，ルックスオティカなど，現代ラグジュアリー産業の工業的側面を体現する企業は枚挙に暇がない。

　それらのビジネスモデルはさまざまで，買収によって幅広いブランド・ポートフォリオを有するグループもあれば，基本的にはアクセサリーのサプライヤーとして活動しているグループもある。ルックスオティカとインターパルファムは，外部パートナーへの依存が大きい例である。アメリカの時計メーカー・フォッシルとモバードも，これに近い。[29] これらの中間もある。ロレアルやスウォッチは，自社ブランドも展開しつつ，ライセンス契約での製品開発も行っている。

　ただ，工業グループはラグジュアリー市場を主戦場としているわけでない。それは，新たな成長機会を捉えて多角化戦略をとった結果であるといえる。転機は 1990 年代に訪れた。フォルクスワーゲンがアウディをリニューアルし，スウォッ

29　フォッシルの事例については，DONZÉ（2017b）。

チ　グループがブランパンを買収してオメガを世界的な高級ブランドに押し上げ，ロレアルが組織再編によってラグジュアリー部門を独立させ，インターパルファムがバーバリーとライセンス契約を結んだ。この時期，世界規模で生じたラグジュアリー産業の拡大が，工業グループに大きな成長の機会を提供し，多くの企業がそれをつかんだわけである。

　とはいえ，高い成長性と収益性が期待できるラグジュアリー産業への参入は，グローバルに激しい競争が繰り広げられているエントリー・レベルやマス・ブランドの管理に関してリスクを冒すことをも意味する。インターパルファムが自社ブランドを放棄したのは，おそらく，そうした競争に対処し切れなくなったからであろう。しかし，工業グループの競争優位は，高品質の商品を大量に生産する能力に基づいたものである。生産能力の維持・発展を担保できる生産量を確保するには，さまざまな市場セグメントに向けた事業活動を継続せざるをえない。だからこそ自動車メーカーは傘下のブランドに共通のプラットフォームを導入したし，時計業界でもスウォッチが同様の戦略をとっているのである。

第 **7** 章

地域に深く根ざした企業

　2019年11月，ベルナール・アルノーはアメリカのジュエラー・ティファニーを147億ユーロで買収すると発表した。これにより，独立を堅持してきた数少ないジュエリー・ブランドの主要な1つが，ラグジュアリー・コングロマリットに組み入れられることとなった。残るは，ショパールとグラフのみである。LVMHはその前からブルガリとショーメを傘下に収めていた。目的は，リシュモンに対抗して世界最大の宝飾品グループとしての地位を確立することである。ティファニーの売上規模は大きく（2017年時点で42億ドル），LVMHは世界市場でのプレゼンスを大幅に拡大することができた。しかし，それでも同社がシェアを追い抜けない企業が存在する。それは，中国で宝飾品の製造・販売を営む周大福（Chow Tai Fook）である。

　ジュエリー業界に詳しくなかったり，中国へ行ったことのない読者に，このブランドはあまりピンとこないかもしれない。周大福は，グローバルなラグジュアリー・ブランドではなく，中国という特定の地域・文化圏に根ざした企業である。10億以上の人口を抱える同国市場の大きさを考えると，そこで宝飾品販売を独占すれば，すなわち世界最大の宝飾品ブランドになるわけである。同社が成功した理由は，（前章までに取り上げてきた事例とは異なり）グローバル市場へ進出したことではなく，急成長している地域でプレゼンスを獲得したことである。

　表 2.1 のトップ 100 社にランクインしている中で，地域に根ざして成長している企業は，周大福に限らない。中国やインドのジュエラーは，同社以外も同じような特徴を有する。日本の化粧品メーカーも，東アジアには浸透しているが，グローバル・ブランドとしての地位は確立できていない。本章では，このような，地域に根ざして発展し世界有数の規模になったラグジュアリー企業を紹介していこう。

1 世界最大のジュエラー
周　大　福

　ジュエリー市場は，ラグジュアリー産業の中でも集中度の低いことが特徴になっている。ユーロモニターインターナショナルによると，2018 年，大手 10 社が世界市場に占める割合は，わずか 12.8 ％である。[2] 2010 年の 9.4 ％からすると上昇傾向にあるとはいえ，2017 年に 10 大企業が世界市場の約 73.5 ％を占めた時計などに比べれば，集中度は非常に低い。[3] そうした中で 2018 年，周大福はシェア 2.5 ％で，リシュモン（2 ％）や，やはり中国の老鳳祥（1.7 ％）を抑えて，世界第 1 位となった。

　これは，世界中に独立の小規模ジュエリー企業が多数散在することがもたらした結果といえる。ジュエリーは，同じ高

2　ユーロモニターインターナショナル・ウェブサイト（https://go.euromonitor.com/passport.html，2020 年 8 月 30 日アクセス）。

3　VONTOBEL（2018）p. 19.

級品でもファッション・化粧品・時計などとは違って，資金や設備面での投資が比較的少なくて済むため，地域ごとに工房を営む職人が少なくない。したがって，ヨーロッパのジュエリー・ブランドですら，世界のジュエリー市場に占めるシェアという意味では，超高級品・プレミアム品のいずれについても大きくない。とりわけプレミアム品市場は，地域や国単位で活動する多数の小規模企業が多くを占める。中国やインドは市場が大きい分，たくさんの地元企業が成長の機会を与えられている。しかし，そうした企業が海外市場で成長することは難しい。

　さて，周大福は，宝飾品のみならず，金融，ホテル・不動産，運輸，通信，エネルギーなどを幅広く手がける香港の富豪・鄭家の所有になる多角的企業グループだが，中でも宝飾品販売は同グループの基盤をなす。[4]その始原は，1929年，周至元が広東省で開業したゴールドの宝飾品店である。2年後にはマカオへ，また第二次世界大戦後には内戦および共産党の躍進を受けて香港へと移転した。1956年に周の娘婿・鄭裕彤が事業を引き継ぎ，1960年代から1970年代における香港の驚異的な発展をチャンスと捉えて，多角化に乗り出した。1961年には宝飾品部門を分離独立し，専業子会社の周大福珠宝を設立した。同社は域内で有数の宝飾品販売業者として地位を確立し，1964年にはデビアスのダイヤモンドを

4　Chow Tai Fook Jewellery, "Annual reports," 2011–2019；周大福珠宝集団ウェブサイト（https://www.ctfjewellerygroup.com/en/group/history.html, 2020年9月25日アクセス）。

独占的に輸入するようになる。鄭は，99.99％の純金製品や，店頭価格固定制の導入（1990年）によって，ジュエリー・ビジネスにおける名声を高めていった。

ただ，同社は史料をほとんど公開していないため，20世紀末ごろの活動や実績が詳らかでない。そこで，数は少ないものの経済紙に掲載された記事などを見ると，成長のペースは遅々としたもので，活動地域もほとんどは香港・マカオに限られていた。男性用宝飾品の発売（1987年）や真珠の輸出（1995年）といったことにも取り組んでいるが，はかばかしい成果は得られなかったようである。企業規模も大きくなく，1995年時点で22店舗を有するのみであった。[5]

結局，中国が市場経済への移行と対外開放を進めていったことが，周大福が世界最大の宝飾品企業に成長するための重要な契機となる。鄭家は，中国国内の不動産およびインフラ・プロジェクトに多数の投資を行ったことで，エリート層との人的ネットワークを獲得した。1998年，北京に初出店すると，瞬く間に流通網を中国全土へと拡大し，[6] 2010年には1000店舗，2014年には2000店舗，2019年には約3000店舗を達成した。売上の約90％は，宝飾品によるものである。ただ，時計も扱っており，その広範なブティック・ネットワークは，ロレックスをはじめとするスイスの時計メーカーから注目を集めているという。この驚異的な拡大は，同族資本

5　*Jewellery News Asia*, 1998/6/1; 1998/10/1.

6　*South China Morning Post*, 2011/12/6.

によって成し遂げられた。2011年には資本の一部が公開されたが，会社は2019年時点でも資本の89％以上を所有する鄭家の支配下にある。

　このように，周大福は香港と中国に広がる流通ネットワークで著名であるが，生産機能も垂直統合している。深圳・順徳・武漢に工場を擁し，ベーシックなジュエリーの大量生産と，デジタル技術を駆使したカスタマイズ品製造の，いずれもが可能である。2019年，同社は4700人超の従業員を雇用するが，その16％が生産活動に従事しているという。[7]

　周大福の自社製造による貴金属ジュエリー（金，銀，プラチナ，ダイヤモンド，その他宝石）は，コスト・パフォーマンスが高いアクセシブル・ラグジュアリーといえる。これこそが同社の成長の秘訣であろう。社会・文化に変革が生じた中国において，周大福は新しい中産階級の需要に応えたのである。たとえば，西洋風のロマンチックな結婚式が普及すれば，同社が新たに結婚指輪を提供するわけである。

　ただ，このブランドは，中国国外ではほとんど知られていない。製品デザインは同地の文化に寄り添ったものであり，世界的なハイジュエリー・ブランドとなるのに必須の創造性や魅力を体現するストーリーを打ち出すには至っていない。流通ネットワークの現況には，出身地域の文化空間を超えて発展する難しさが見事に表れている。周大福は2019年に全世界で3134店舗を展開しているが，うち東アジア以外

7　Chow Tai Fook Jewellery, "Annual report," 2020, p. 37.

シンガポールのジュエル・チャンギ・エアポート内にある
周大福店舗

出典：iStock.

に立地するのはわずか3店舗であり，いずれもアメリカに
ある。これは，同社が2014年にダイヤモンド小売のHearts
On Fireを買収したことによる[8]。なお，アジア圏では，香港
に82店舗，台湾に22店舗，マカオに19店舗，その他の各
国に20店舗のアウトレットを展開している。

　グローバル市場へは参入していないものの，世界最大のラ
グジュアリー市場を抱える中国で地位を確立したことにより，
周大福は飛躍的に成長した。ティファニーと比較すると，印
象的である（図7.1）。2008年以前は周大福の売上高が不明な
のだが，データが判明した2009年および2010年時点では，
25億～30億ドルと，ティファニーと同等の規模であった。
ところが2011年以降，両社は大きく異なった軌跡をたどる
ことになる。2010～2019年の10年間，ティファニーが低成

8　*The Wall Street Journal*, 2014/6/18.

長に終始したのに対し，周大福は2014年に売上高が100億ドルを超えるなど爆発的に成長した。同年の実績は異常値に近いものと考えられ，以後の数年間は反動で減少局面を経験しているが，2018年以降は再度成長軌道に復している。

　2015〜2017年の減少局面に関し，周大福の経営陣は，中国経済の予測不能性（2015〜2016年のチャイナ・ショック）という以上の説明をしていない。反腐敗運動や香港との政治的対立も影響したであろう。しかし，図7.1で店舗数の推移を見ると，グラフの期間中，同社の戦略は一貫していることがわ

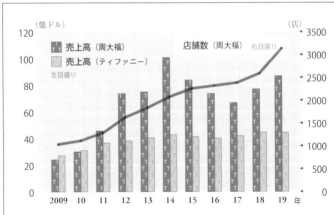

　図7.1　周大福珠宝の売上高と店舗数およびティファニーの売上高
（2009〜2019年）

注：周大福珠宝の売上高は，アメリカ・ドルに換算している（1
　　香港ドル = 0.13アメリカ・ドル）。

出典：Chow Tai Fook Jewellery, "Annual reports," 2011-2019；
　　　Tiffany, "Annual reports," 2010-2019.

かる。この間，中国国内の店舗数は常に全体の 92 ％以上を占め，オンライン販売はきわめて低い水準にとどまっていた (2019 年は売上高の 4.5 ％)。デジタル化の波は 2010 年代半ばに訪れて以降，消費者に新たな体験を提供したものの，実店舗での購買が中心的であることに変化はなかったのである。

2 時計からジュエリーへ

Titan

インドもジュエリー企業が多い国である。とはいえ，トップ 100 にランクインしているのは一握りで，2017 年には売上高 10 億ドル超の企業が 4 社あった。産業規模自体は 2015 年時点で約 250 万人を雇用するなど大きなものであるが，まったく統合されておらず，地域の小工房が全体の約 80 ％を占める。そのほとんどは，従来型の仕事の進め方をしている職人たちの素朴な組織で，製品のデザインやマーケティングに投じられる資源などは持っていない[9]。しかし，中には近代的な経営手法を導入し，収益性の高い成長事業としてジュエリー・ビジネスを営んでいる企業もある。その一例が，大手ジュエリー企業の Titan（タイタン）である。

Titan は，タタ財閥と国営のタミル・ナドゥ州産業開発公社（TIDCO）が 1984 年に共同で設立した合弁会社である。国営のヒンドスタン・マシン・ツール（HMT）を超える国内有

---

9 MADHAVI and RAMA DEVI（2015）。

数の時計メーカーとして，地位を確立することが目的とされた。1960年代にシチズンの支援を受けて時計の生産を開始したHMTが，1980年代に入って衰退の一途をたどっていたからである。[10]

1986年には初のクオーツ式腕時計を発売，翌年に社名を冠したブランドが登録されている。1990年以降は生産量を急増させてインドを代表する時計メーカーとなり，1993年には約4100店舗を擁する販売網を中心に，国内市場の75%を占めるに至った。一方で，アメリカのブランド・タイメックスへの出資（1992年），時計見本市バーゼルワールドへの参加（1994年），パリでのデザイン事務所開設（1995年）などを通じて海外市場への進出を試みるも，さほど成果は上がらず，1995～1998年の輸出量は年間40万本，比率でいうと総生産量の約10%にとどまった。[11] この時期，同社は売上高で伸び悩み，急激に収益性を悪化させている（図7.2）。状況を打開するために，解決策が求められていたのである。

外国製時計の販売，スイスの時計ブランドであるファーブル・ルーバの買収，香水コレクションの発表など，多角化事業がいくつか試みられたが，最終的にはジュエリーが原動力となり高成長がもたらされることとなった。ジュエリー事業は1995年，インドの伝統的なジュエリーづくりと，貴石の取引に積極的なタタ・グループとの関係を活用する形で開始

10　Chattopadhyay and Bhawsar（2017）；Donzé（2020a）pp. 143-145.

11　Titan Industries, "Annual reports," 1987-1998.

12　Titan Industries, "Annual report," 2000-2001, p. 17.

された。当初は，製品輸出によって外国製時計の輸入に必要
な外貨を獲得することが目的と位置づけられていたが[12]，国内
でも利益を生むことがわかってくると，Titan の経営陣はジ
ュエリー市場でのプレゼンス向上を目指し始めた。

　そこで取り組まれたのが，デザインと流通の徹底的な近代
化である。製品の標準化，生産の工業化，そして全国に張り
めぐらせたモノ・ブランド・ストアのネットワークを通じた
販売の専門化は，ジュエリー部門に革命をもたらし，Titan
を不採算な時計市場への依存から脱却させた。とはいえ，同
社がジュエリー市場の中心をなす若年女性たちに関する理解

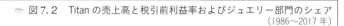

図 7.2　Titan の売上高と税引前利益率およびジュエリー部門のシェア
(1986〜2017 年)

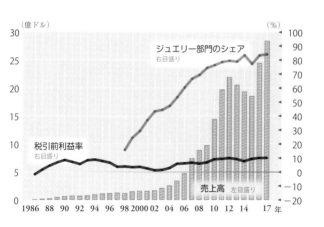

注：年度末は 3 月。

出典：Titan Industries, "Annual reports".

を深めたのは，時計事業を通じてであったこともまた事実である。

Titan は，ターゲットの異なる4つのブランドを相次いで立ち上げた（伝統的な高級品の Zoya，アクセシブル・ラグジュアリーの Tanishq，若年女性向けの Mia，オンライン販売の Caratlane）。これらのブランドは流通網が分けられ，それぞれが現代的なマーケティングおよび広告手法をとる。中で Tanishq は，2000年には35カ所，2018年には178カ所のモノ・ブランド・ストアを展開して，ジュエリー部門における成長の柱となっている。この間，ブランドは国内全土に浸透した一方で，輸出（主には中東向け）が売上高に占める割合はきわめて小さなままであった（2010年は2.2％，2018年は1％）。このことから，同社ブランドが国内市場に深く根ざしたものであるのは明らかである。ブランド構築および流通ネットワークの継続的拡大に向けた投資が，成長を下支えしている。

同社のジュエリー部門は2000年に初めて黒字化し，2005年以降は時計の売上高を上回った。Titan 全体の売上高に占めるジュエリーの割合は，2000年の29.3％から，2005年の53.4％を経て，2017年には84.1％にまで増大した。これに伴って，売上高自体も2000年の1億5500万ドルから2017年には28億ドルへと指数関数的ともいえる成長を示し，利益率は創業以来の記録的な水準に達した（2016, 2017年は10％以上）。周大福が中国におけるサクセス・ストーリーならば，Titan はインドにおいて同様の存在であるといえよう。

3 日本の化粧品メーカー

資生堂，コーセー，ポーラ・オルビス

　ジェフリー・ジョーンズがいうように，美容市場には文化的な側面があるため，全世界に通用する強力なブランド・製品を持つというのは，不可能ではないまでも困難である[13]。1970年代から1980年代にかけてヨーロッパのラグジュアリー産業にとって主要な市場であった日本においてすら，無臭が清潔・純粋・気品の表れとされる文化のもとで，香水事業は定着しなかった。2019年，LVMHの売上に占める日本のシェアは，全部門の12％に対し，香水・化粧品部門はわずか5％である[14]。

　文化の違いは，嗅覚面だけでなく，視覚面でも重要である。もはや，ブロンド・ヘアでグラマラスなハリウッド女優が普遍的な美の規範を体現しているとはいえまい。であるならば，スキンケアおよび肌の色といった観点から，異なった化粧品を開発する必要性が示唆される。だからこそ業界の巨人たちは，現地企業の買収によってブランド・ポートフォリオを構築する戦略（マルチドメスティック戦略）を採用するのである。ロレアルやエスティ ローダーも，この戦略で世界中に展開している。あるいは，文化の違いが影響して，特定の地域に深く根ざした企業が限定的な国際化しか果たせないというケ

ıllıllıllıllıllıllıllıllıllıllıllıllı

13　JONES（2010）。

14　LVMH, "Annual report," 2019.

ースもある。日本の化粧品メーカーは，この例と考えられる。

　高級化粧品および香水は，世界的に規模の大きなメーカーの中で日本企業が存在感を示している業種である。この業界から表2.1にランクインした11社のうち，資生堂，コーセー，ポーラ・オルビスと，日本企業はじつに3社にものぼる。同表に名を連ねる日本企業6社のうちでも，半数にあたっている（他の3社は，オンワード，三陽商会，ミキモト）。何がこれらの企業に競争優位をもたらしているのだろうか。

　前出の3社には，共通の特徴がある。いずれもグローバル企業，すなわちアジア・ヨーロッパ・アメリカすべてでプレゼンスを獲得している企業ではなく，アジア市場をベースに国際化を進めている多国籍企業だということである。2015年，アジア（日本市場を含む）での売上は，資生堂の65％，コーセーの93％，ポーラの88％を占めた。[15]

　この偏りを，多くの企業がグローバルな視点を取り入れられないでいる日本の資本主義の帰結と捉えることもできよう。しかし，そこには業界特有の要因もありそうである。東アジアでは「美」に対する考え方が欧米とは異なる。肌の白さや無臭であることが重視される東アジア地域は，欧米企業にとって参入しにくい市場である。この点で明らかに競争優位にある日本企業は，地域の文化特性を踏まえて，近隣の市場から国際化に乗り出した。結果，2018年の各輸出先において，日本の化粧品は，中国では第1位，韓国とシンガポール

||||||||||||||||||||||||||||||||||||||||

15　UMEMURA and SLATER（2017）。

ではフランスとアメリカに次ぐ第3位だったものの，世界市場全体では第11位にとどまっている。[16]

　中でも最大手の資生堂は，プレステージおよびフレグランス事業で47億ドルの売上高を誇る，世界第16位のラグジュアリー企業である。同社の歴史は，1872年に東京・銀座に開業した「洋風調剤薬局」に始まる。化粧品事業へは，第一次世界大戦で輸入が困難になったことを背景に本格進出した。戦間期には，創業者の三男で初代社長を務めた福原信三が外遊先のパリにおける見聞を取り入れたアール・デコ調の広告やパッケージを展開し，大成功を収める。1927年には東京証券取引所に上場，全国に広範な小売店のネットワークを組織して，事業を拡大した。

　第二次世界大戦後，1949年には再建を果たし，東京証券取引所に再上場している。1957年に台湾で販売子会社を設立，その後もシンガポールへの輸出や，韓国での生産開始など，国際展開は早くから行われていたが，成長の基盤となったのは国内市場であり，1970年時点でも総売上高に占める輸出の割合はわずか1％に過ぎなかった。[17]この間，ロレアル（1963年），エスティ ローダー（1967年），エイボン（1968年）といった海外ブランドが相次いで日本上陸を果たしたにもかかわらず，1970年代まで圧倒的トップ企業の地位にあった。[18]

16　UN Comtrade ウェブサイト（https://comtrade.un.org/data/），HS コード 33，2018 年（2020 年 8 月 21 日アクセス）。

17　Umemura and Slater（2017）p. 890.

反対に欧米市場への参入を試み，日本の伝統文化を強調した販売活動を行うなどしている。

　同社はイノベーティブでハイクオリティな化粧品メーカーを自認しており，そのことは 1990 年代半ばには 100 以上にものぼったブランドの多角的展開にも表れている。しかし，無形の付加価値をほとんど生み出さないという意味で，同社の製品は高級品というよりケア用品に近いといえた。たとえば，1986 年にはピエール ファーブルと合弁会社を設立しフランス市場に参入しているが，ブランド開発よりも技術協力に重点が置かれたこともあり，大手欧米企業の華やかなブランドが支配する海外市場への浸透は限定的であった。また，1990 年には香水のライセンス品を開発する子会社ボーテ・プレステージ・インターナショナルをフランスに設立し，イッセイ ミヤケ（1992 年）やジャンポール・ゴルチエ（1993 年）の香水を手がけた。ところが，これらはあくまでもフランスでの事業とされ，グループは同社のスキルを内部化していない。

　結局 1990 年代以降，資生堂は，自社の製品が固有に持つ品質そのものに導かれる形で，国際化の方向性をアジア市場へ向けていく。中国市場では，複数の合弁事業およびパートナー企業との現地生産体制によって，大手グローバル・ブランドと渡り合っている。しかし，21 世紀に入って日本国内では高齢化に伴う市場縮小に直面し，2006～2015 年は売上

18 UMEMURA and SLATER（2017）p. 884.

の減少と収益性の低下に見舞われた。[19] そこで同社は，アメリカの NARS（2000 年）やローラ メルシエ（2016 年）といった海外ブランドの買収や，ドルチェ＆ガッバーナ（2016 年）やトリー バーチ（2020 年）とのライセンス契約締結など，ラグジュアリー市場に積極的にポジショニングする戦略をとり始めたのである。とはいえ現状では，プレステージ事業のブランド・ポートフォリオの半分は自社開発の化粧品ブランドであり，主にはアジアの顧客に販売されている。[20]

　コーセーは，日本で第 2 位の化粧品メーカーである。資生堂と同様，高級品に特化せず，すべての市場セグメントに進出している。同社の競争力は，新しいスキンケア製品の開発能力によるところが大きい。しかし，このようにブランド開発よりも製品品質自体に焦点を当てている限り，グローバル市場での地位確立は難しいといわざるをえない。同社もまた，アジアに限定した国際化を果たしているに過ぎず，2019 年時点で日本とその他アジアの売上高構成比はそれぞれ 72 ％および 15 ％にのぼった。[21]

　コーセーの起源は，1946 年に小林孝三郎が設立した化粧品製造・販売の小企業である。その歴史については，創業家一族があまり情報を開示していないため，知られるところが

19　資生堂「アニュアルレポート」2015 年。

20　資生堂ウェブサイト（https://corp.shiseido.com/en/brands/，2020 年 8 月 21 日アクセス）。

21　「コーセーレポート 2019」（統合報告書）。

多くはない。同社では，1999 年の上場後も小林家が主要株主の地位を占めているのである。総合化粧品メーカーとして高級品市場に目を向けたのは早く，1956 年には専用の関連会社アルビオンを開業，ロレアルとも 1963 年に合弁会社を設立するなど協力関係にあった。アジア展開も迅速で，香港 (1968 年)，シンガポール (1971 年) に続き，1980 年代には台湾，タイ，中国にも進出した。ただし，これらの市場でのシェアは不明である。

　こうした経緯を経ながらも，ラグジュアリー市場へ本格的に参入したのは 21 世紀に入ってからといってよいだろう。まず，子会社のアルビオンを通じて，アナ スイ (1998 年)，ジル スチュアート (2005 年)，リンメル (2006 年)，ポール・スチュアート (2011 年)，マカロンで有名なラデュレ (2012 年) など，複数の海外企業とライセンス契約を結んだ。このほとんどが世界的にメジャーなファッション・ブランドではなく日本に定着しているブランドであることからも，同社のライセンス戦略が，エスティ ローダーやロレアルとは異なり，日本市場に根ざしたものだということがわかる。さらに，高性能なスキンケア製品の開発に特化したフィルインターナショナル (2002 年) および自然派コスメの小規模なプレミアム・ブランドであるタルト (2014 年) というアメリカ企業

||||||||||||||||||||||||||||||||||||||||||

22　コーセーに関する記述は，とくに断りのない限り，「コーセーレポート」および同社ウェブサイト (https://www.kose.co.jp/)；『日経産業新聞』(NIKKEI BUSINESS DAILY, https://www.nikkei.com/) を参照 (2020 年 8 月アクセス)。

23　同様の現象は時計業界にも見られ，日本のセイコーやシチズンは，主に国内でプレゼンスの高いファッション・ブランドのライセンス生産を請け負っている。

2社を買収，これはコーセーの海外プレゼンスの強化につながった。一方で，百貨店ブランドだったボーテ ド コーセー（2001年），メイクアップ・アーティスト・ブランドのアディクション（2009年），ヴィーガン・コスメ・ブランドとしてリポジショニングされたアウェイク（2017年）など，自社ブランドも展開・強化した。

　こうしたスキンケア製品中心に上方セグメントへの移行を図る動きは，さらなる国際化をも伴い，韓国，ベトナム（以上2001年），インド（2013年），インドネシア（2014年），アメリカ（2015年），ブラジル（2016年）と，各国に販売子会社が開設されている。これら新規市場への参入，製品多角化（上にあげたのは高級品とプレミアム品に限られる），企業買収などによる事業拡大で，1995年に945億円（10億ドル）だった売上高は2018年には3329億円（30億ドル）へと急増した。それと同時に，2017年の地域別売上高構成比は欧米が10％に達し，日本が80％を下回った。

　日本の高級化粧品メーカーの三番手であるポーラ・オルビスも，発展の経緯には資生堂やコーセーと類似した特徴が見て取れる。ただ，ブランド・ポートフォリオの多角化度[24]は，前出の2社と大きく異なっている。前身は1929年に静岡で創業した化学企業で，1946年に化粧品部門が分離して専業メーカーとなった。ポーラ・ブランドのもとでスキンケ

||||||||||||||||||||||||||||||||||||||||||||

24　ポーラ五〇年史編纂委員会編纂（1980）。

ア製品の開発に一貫して取り組み，日本の女性たちの要望に応える美白製品を数多く販売してきた。加えて1980年代には，高品質オイルフリー化粧品のセカンド・ブランドであるオルビスも立ち上げている。いずれの製品も特徴的で海外展開が難しく，訪問販売を主にしていることとも相俟って，国内での営業をもっぱらにしていた。わずかに中国（2004年）・台湾（2006年）へは進出したものの，2010年時点で売上高構成比に占める海外の割合は10％未満であった。

　ところが，2010年に東京証券取引所へ上場したことを機に戦略転換し，調達した資金でアメリカのH2O PLUS（2011年）やオーストラリアのジュリーク（2012年）を買収する。その後，売上高は2010年の1652億円（19億ドル）から2018年には2486億円（23億ドル）に増加した。ただ，上記買収は同社の国際化にさほど寄与せず，海外ブランドのシェアは2018年時点でも10.7％にとどまっている。[25]

4　地域を脱却できるのか

　本章で取り上げたアジアのジュエラーや化粧品会社が，ラグジュアリー企業のランキングに名を連ねているのは，各々が世界最大規模の市場で確固たる地位を築いているからであって，グローバルなブランドを有しているからではない。

---

[25]　ポーラ・オルビス ホールディングス「コーポレートレポート」2018年。

これらの企業は，業界の特殊性により，地域的なプレーヤーとして発展することができたのである。宝飾品産業は集中度が低く，地場企業が多く存在している。化粧品産業は，地域ごとに文化的価値の異なる「美」を商品化することで成り立っている。こうした地理的・文化的な市場特性が，地域企業をしてラグジュアリー産業のグローバル・トップ企業に匹敵せしめているのである。

しかし，以上のような類似性の半面，アジアの宝飾品企業と日本の化粧品企業の間には大きな相違点のあることを強調しておかなければならない。宝飾品産業においては，ラグジュアリー・コングロマリットの進出を防げるほど，文化的な障壁が高くない。ブルガリ，カルティエ，ティファニーといった高級ジュエリーの大手ブランドは，アジア市場でも地歩を固めており，エクスクルーシブ・ラグジュアリー・セグメントを独占している。周大福や Titan が，新興の超富裕層ではなく，マス・マーケットに訴求しようとアクセシブル・ラグジュアリー・セグメントに焦点を当てているのには，そういった事情があるのである。したがって，これらの企業は，ラグジュアリーの民主化を支持するだろう。

これに対して，化粧品や香水産業では，文化の違いが参入障壁として機能する。資生堂などの企業が，エントリー・レベルから高級品まで，セグメントごとの顧客ターゲットに対応できる幅広い製品およびブランドのポートフォリオを有しているのは，そのためである。こうした企業においては，前章で紹介した工業グループと同じように，生産技術や製品開発のノウハウが競争力の基盤となっている。

　企業が地域に根ざした事業活動を脱却するには，何が必要とされるのだろうか。中国・インドの宝石メーカーや日本の化粧品メーカーは，グローバル・プレイヤーとしての地位を確立できるだろうか。少なくとも本章で事例とした企業は各社，高品質の製品製造に長けているので，技術的な問題はない。答えはやはり，業界によって異なりそうである。

　中では資生堂が，海外ブランドの買収によって最も積極的にグローバル展開を図っていることは間違いない。ロレアルやエスティ ローダーが数十年前から行ってきたように，世界各地の企業を買収することで，それぞれの文化空間に息づく多様なブランドのポートフォリオを構築し，それらの所有者として世界の主要な市場でプレゼンスを獲得するのである。化粧品産業における他の日本企業も，より慎重ではあるものの，同様の志向を示している。

　ところが宝飾品産業では，世界中に地域に根ざした小規模企業が多数存在し，そのいずれもが買収のターゲットになりうるにもかかわらず，化粧品産業のような動きが見られない。2018 年にユーロモニターインターナショナルは，世界市場で 0.1～0.2 ％のシェアを有する 28 以上のジュエリー・ブランドをリストアップしているが，うち 24 は LVMH・リシュモン・ケリングという三大コングロマリットに属していなかった。[26] このことを踏まえると，アジアのジュエラーがグローバル展開に野心を抱いていないように見えるのは，多様な

<hr>

26　ユーロモニターインターナショナル・ウェブサイト（https://go.euromonitor.com/passport.html，2020 年 8 月 30 日アクセス）。

ブランド・ポートフォリオを構築することが本質的に難しいからではなく，戦略的な選択の結果だと考えられるのである。

第 **8** 章

❧

新しいラグジュアリー企業

　アルマーニ，ディオール，グッチなど複数のファッション・ハウスのアクセサリー開発に参画してきたシンガーソングライターのリアーナ（SNSで数千万人のフォロワーを持つ）は，2017年，LVMHグループ内ですでに展開していたFentyブランドの化粧品ラインを発表した。[1] そして2年後の2019年，同じブランドで今度はクチュール・ラインをローンチする。ベルナール・アルノーのコングロマリットが新しいラグジュアリー・ファッション・ブランドを立ち上げるのは，1987年のクリスチャン・ラクロワ以来のことだった。ただ，スタート直後にコロナ禍に見舞われたこともあって期待されたほどの成果は上がらず，2021年2月にはLVMHがこのブランドのクチュール活動停止を発表するに至っている。とはいえ，この事例からも，世界のラグジュアリー産業には続々と新しいブランドが生まれていることがわかる。[2]

　表2.1のトップ100ランキングにおいて，2000年以降に設立された企業はわずか5社を数えるのみだが，このことをもってラグジュアリー産業には新しい企業が現れていないと結論づけるのは早計である。毎年，世界中で多くのブランドが立ち上げられ，コングロマリットは常時ブランド・ポートフォリオの更新に注意を払っている。実際，LVMHが2019年に保有する75ブランドのうち，10は21世紀に誕生したものである。[3]

1　LVMH, "Annual report," 2019.

2　*Les Echos*, 2021/2/10.

3　LVMH, "Annual report," 2019, p. 16.

新しいラグジュアリー・ブランドは，どのようなビジネスモデルをとっているのだろうか。ヘリテージを利用する古参ブランドとは，どう違うのだろうか。本章では，そうした新しいブランドが主に用いる3つの戦略，すなわち，「眠れる美女」の復活，カジュアル・ラグジュアリー市場の開拓，技術革新について，紹介していこう。

1 「眠れる美女」の復活

ブランパン

1980年代から1990年代のラグジュアリー産業で一般的になった，ヘリテージをベースにした新しいマーケティング戦略は，忘れ去られていたいくつかのブランドを復活させた。[4]創業者の魅力や才能（時計メーカーの創設者アブラアン=ルイ・ブレゲ），製品のスタイル（エルザ・スキャパレリによるファッション・ハウス），名称にまつわる伝説（オリエント急行）など，強い個性を持つブランドは，その評判が途切れなく続いているものだということを強調してストーリーテリングを行うと，それをきっかけに再成長の軌道に乗ることがある。[5]

しかし，「眠れる美女」がすべて成功するとは限らない。VionnetやPaul Poiretなど，フランスのオートクチュール・ブランドでも，復活が失敗に終わった例はある。スイスの時

ⅢⅢⅢⅢⅢⅢⅢⅢⅢⅢⅢⅢⅢⅢⅢⅢⅢⅢⅢ

4　本書第3章参照。

5　DION（2022）。

6　ZANON（2018）。

計ブランドも同様である。スウォッチ グループは，1999年に買収したレオン・アトを後に放出し，2000年に買収して再出発させたジャケ・ドローについても高級品セグメントにおける中心的なブランドにすることができなかった。

これらの例は，伝統の威光だけでは，世界のラグジュアリー市場で利益を生むブランドにはならないことを示している。今そのブランドが発するメッセージや製品と過去のイメージとが，ヘリテージ戦略として一貫していなければならないのである。1980年代に見られた時計ブランド・ブランパンの復活は，こうした課題を乗り越えた好例といえる。

1975～1985年ごろ，スイスの時計産業は苦境に立たされていた。ブレトンウッズ体制の終焉に伴う石油危機とスイス・フランの高騰により，国内の時計メーカーは日本の競合他社，とりわけセイコーに対して競争力を失う。同社は戦間期以来，その高精細な腕時計で1980年代前半に世界のトップに立つという戦略目標を掲げていた。クオーツへの切り替えによっても競争力は強化されたが，それだけが原因ではなかったのである。

そこで，スイスの時計産業は再編に取り組んだ。主導したのはコンサルタントのニコラス・G. ハイエックで，広範な合併策を特徴とし，それによって1983年にはSMH（Société suisse de Microélectronique et d'Horlogerie）も誕生した（1998年にスウォッチ グループへと名称変更）。果たしてスイスの時計産業は競争力を取り戻すが，それにはハイエックが行った合理化[7]とスウォッチの立ち上げが大きかった。[8]

同じころ，オーデマ ピゲやオメガで修業を積んだ若き企

業家ジャン=クロード・ビバーと，高級機械式時計のムーブ
メントを製造する数少ない独立系メーカー Frédéric Piguet
の社長ジャック・ピゲが，ブランパンを買収した。ブラン
パンは，1961 年（そのときの社名は Rayville）から SSIH（Société
Suisse pour l'Industrie Horlogère）傘下にあった，家族経営の中
小企業である。1961 年当時，SSIH はオメガやティソなどを
擁するスイス最大の時計メーカー・グループだった[9]。SSIH
としては，ブランパンの買収によって生産能力の向上を企図
しており，実際これを機に傘下のオメガは，第二次世界大戦
後にブランパンが得意としたスモール・キャリバーのジュエ
リー・ウオッチを販売できるようになった。

　ところが，ブランパンはその後，グループ内で忘れられた
ような存在になっていく。そして，SSIH が合併により SMH
となった 1983 年，ビバーとピゲがブランパンを買収，彼ら
は資本金 5 万フラン（約 2 万 4000 ドル）とクレディ・スイスの
支援を得て，ブランパン株式会社を設立した[10]。これにより，
Frédéric Piguet のムーブメントを使用して高性能の機械式
時計を製造することが可能になった。ブランパンには，1735
年から時計製造を行っていたという史料が残っており，スイ
スで最も古い時計ブランドといえる。こうした背景をもとに，
彼らは新しいビジネスモデルを立ち上げていく。

7　Donzé（2012b）。
8　Donzé（2012a）日本語訳。
9　Richon（1998）。
10　*Journal de Genève*, 1987/6/12.

第 **8** 章　新しいラグジュアリー企業

　スイスのマスコミから「ノスタルジアのセールスマン」と呼ばれたビバーがとった戦略は，当時の業界の流れに逆行するものだった。[11] クオーツは採用せずに，伝統と卓越した技術をベースにしたブランド・イメージを構築し，高級路線の基盤を築いた。新たに拠点を置いたジュウ渓谷のル・ブラッシュ村は，グランド・コンプリケーション・ウオッチ製造の歴史が長く，19 世紀にはオーデマ ピゲやジャガー・ルクルトなどが創業した場所でもある。優れた時計づくりを象徴する地域に立地することで，技術的な正当性を高めたのである。さらに，1735 年を創業年と定め，自社製品（ムーンフェイズやトゥールビヨン，エロティック・オートマタなど，多くの複雑機構を搭載したものが多い）を「18 世紀のマスター・ウオッチメーカーの伝統に基づいてつくられている」と宣伝し，「世界最古の時計ブランド」であると宣言した。これらが功を奏し，ブランパンは急成長を果たすことになる。[12]

　以上のような取り組みの一方で同社は，世界中に張りめぐらせた排他的な専門店ネットワークを通じた販売，限定生産，高単価という，ラグジュアリー産業の原則通りの流通システムを構築している。結果，1984 年に 490 万フラン（210 万ドル）だった売上高は，1991 年には約 6000 万フラン（4180 万ドル）にまで急増し，1992 年 SMH に買収されるに至った。[13] ブランパンは，的確なアイデア（スイスの優れた時計製造の伝統を

11　*The New Daily*, 1991/10/13.

12　*Journal de Genève*, 1987/6/12.

13　*Journal de Genève*, 1987/6/12; 1992/7/9.

具現化した機械式時計を提供する）に基づいた純粋なマーケティング・プロジェクトであり，それが企業家を大きな成功へ導いたのである。ビバーはラグジュアリーへの道筋を示し，そのノウハウは SMH へと吸収された。グループに参加したビバーは，オメガのアクセシブル・ラグジュアリー・セグメントへのリポジショニングに取り組み，それもまた成功を収めた。[14]

2 カジュアル・ラグジュアリーの台頭
ラルフ ローレン

　新しいラグジュアリー・ブランドのすべてがヘリテージ戦略をとっているわけではない。高級品市場に機会を見出せば，新たなニーズに対応した新しいブランドを立ち上げることも可能である。1960 年代から 1970 年代にかけてニューヨークのファッション・デザイナーたちは，ヨーロッパのブランドが持つクラシックなイメージを打ち破るべく，カジュアルな高級服のコレクションを独立のブランドで展開した。同時期，アメリカの繊維産業はラテンアメリカやアジアへと生産移転を進めており，生産設備を持たずともブランドの立ち上げが容易になっていた。すなわち，アメリカ式の高級品はデザイナーの個性に立脚し，また生産はほとんどが下請で行われる。

||||||||||||||||||||||||||||||||||||

14 DONZÉ（2012a）日本語訳。

　ラルフ・ローレンは，ニューヨークのファッション・デザイナーの中で，こうした新しいラグジュアリー・ブランドの旗手として地位を確立した最初の人物である。彼が会社を設立したのは1967年のことだった。翌年にはカルバン・クラインが創業している。1970年代に彼らが成功したことで，1980年代にもトミー・ヒルフィガー，ダナ・キャラン，マイケル・コースといった新世代のデザイナーたちが続いた。

　いずれも，数十年間ポジショニングやビジネスモデルは変えずに，リニューアルを繰り返している。彼らはみな，ヨーロッパにおける伝統的な意味でのファッション・デザイナーではなく，自らの個性に基づいた強力なブランドを開発し，それをファッションのみならずアクセサリー全般に展開した企業家といえる。『ウォール・ストリート・ジャーナル』のジャーナリストであるテリー・エイギンスは，1999年の著作において，芸術的な創造性ではなくマーケティングに基づいて行動するこれらのデザイナーたちに厳しい目を向けた。彼女は，ラルフ・ローレンとそのライバルであるトミー・ヒルフィガーを，次のように評する。

　　　パリで修業したこともなければ，学校その他でファッションを学んだこともない，作品集を持たないデザイナーたち。デッサンもしない，縫製もしない，つまり「デザイン」しないのである。[15]

||||||||||||||||||||||||||||||||||||||||

15　AGINS（1999）p. 83.

　ファッション業界やラグジュアリー産業における彼らの活動は，破壊的なものだった。というのも，ヨーロッパ企業によるヘリテージ戦略の延長線上で，強力なブランド構築が可能であることを証明してしまったからである。一方，これを見たラグジュアリー・コングロマリットも，この新しいビジネスモデルの前で手をこまねいてはいなかった。

　LVMH は，セリーヌにマイケル・コース（1997～2003 年），ルイ・ヴィトンにマーク・ジェイコブス（1997～2013 年）など，何人かのデザイナーを自社ブランドに起用し，マーク ジェイコブス（1997 年），マイケル・コース（1999 年），ダナ キャラン（2001 年）については，ブランドの株式取得にも乗り出した。近年に至っても，ラグジュアリーとストリートウェアのミックスで名を成したアメリカのヴァージル・アブローを，2018 年にルイ・ヴィトンのメンズ・コレクションのアーティスティック・ディレクターに任命している。2020年 1 月にアルノーは，アブローによるブランドの刷新と高級ファッションとしての地位強化を讃え，彼のリーダーシップのもとでルイ・ヴィトンは「並外れた業績」を達成したと述べた。[16] ケリングも，2000 年代初頭にグッチとイヴ・サンローランを，テキサス生まれ・ニューヨーク育ちのデザイナー，トム・フォードに託した。

　これらのラグジュアリー・ブランドは，彼らによってプレタポルテやアクセサリーへと多角化されていった。しか

||||||||||||||||||||||||||||||||||||||||||

16　*Challenge*, no. 637（2020/1/16）.

し，全体的な傾向を見ると，こうしたアメリカ人デザイナーへの関心の高まりは，一時的なものにとどまったようである。LVMH は，2003 年にマイケル・コースを，2016 年にはダナ キャランを，それぞれ売却した[17]。これらのブランドは，ラグジュアリーというよりはプレミアム・セグメントにポジショニングしていたため，LVMH が培ってきたノウハウを生かせなかったのである。

ラグジュアリー・コングロマリットへの統合がアメリカのファッション・デザイナーのゴールになりえないとすると，彼らはどういったビジネスモデルの上に発展を期すべきなのだろうか。独立の上場企業である Ralph Lauren Corporation (RLC) は，ニューヨークのデザイナーによる会社組織のあり方を示す好例である。

2020 年に『フォーブス』が推定資産 57 億ドルと報じたラルフ・ローレンは，いま世界で最も裕福なファッション・デザイナーといわれる[18]。ブロンクスのユダヤ系移民の家庭に生まれた彼は，アメリカン・ドリームを象徴する自営業者である。彼は，独立独歩に価値を置くアメリカの理想的なイメージに基づいてビジネスを構築した。ラルフ ローレンというブランドは，白人上流階級 (いわゆる WASP) のカジュアル・エレガンスを体現している。それはすなわち，グレートプレ

17　以上の動向に関しては，LVMH, "Annual reports"；Kering, "Annual reports"を参照。

18　"Forbes world's billionaires list" (https://www.forbes.com/billionaires/, 2020 年 6 月 30 日アクセス)。

ンズを行く孤高のカウボーイでもあり，東海岸の大都市を生き抜くビジネスマンをも想起させる。このイメージの一貫性と，高品質な素材により，ラルフ・ローレンはアメリカを代表するファッション・デザイナーとしての地位を確立した。

1939年生まれのラルフ・ローレンは，Beau Brummell で経験を積んだ後，1967年にポロ・ブランドのネクタイ・ラインを立ち上げてファッションの世界に参入した[19]。同年にRLCを設立[20]，翌年にはメンズウェアのフル・コレクションを発表し，1970年にはニューヨークのブルーミングデールズに初のショップをオープンした。1972年にはウィメンズにも進出し，ブランドを象徴する商品として普及したポロシャツを発売している。こうしてブランドは，1970年代にはアメリカ市場を舞台に拡大した。1980年代に入ると，ロンドンでの開店を皮切りに（1981年），国外にも進出し始める。多角化も行われた。1983年に発表されたラルフ ローレン ホームは，時代を超えてアメリカのノスタルジーを喚起する "Home, sweet home" というフレーズのイメージに合致した家具やアクセサリーを販売した。

しかし，RLCの成長を主に下支えしたのは，アメリカの国内市場におけるファッション・ビジネスである。ラルフ ローレンは，さまざまなコレクションを拡充しながら，アメ

,,,

19　*The New York Times*, 2015/9/29.

20　Ralph Lauren Corporation, "Annual reports," 1995–2020；ラルフ ローレン・ウェブサイト（https://www.ralphlauren.com/rl-50-timeline-feat?ab=en_US_RL50_About_Slot_CN_S1_L1，2020年7月2日アクセス）。

リカにおけるハイエンドなベーシック・ブランドとしての地位を確立した。1996 年時点で税引前利益のじつに 71.5 ％を国内市場から上げている[21]。こうした成長を牽引したのは，幅広い製品展開と小売の内部化である。前者については，1992年にスポーツウェアのコレクション，1993 年にデニムやヴィンテージ製品，1996 年にウィメンズのエントリー・ラインなど，1990 年代前半から新しいラインを次々と発表した。

後者については，モノ・ブランド・ストアの拡大が注目に値する。設立当初より，同社製品の販売においては百貨店の存在感が大きかったが，1990 年代の初めごろからはブティックでの直接販売が重要性を増していく。1993 年，RLC は衣料品小売の国内企業 Perkins Shearer Venture と合弁会社を設立し，いったんは自社製品を取り扱うショップ・ネットワークの運営を移管，そして 1997 年にこれを再び内部化した。小売は，ブランドに持続的な成長と利益の増大をもたらす鍵となりうるが，1995 年時点で同社の直接販売は売上の29.5 ％に過ぎず，改善の余地が十分にあった。そこで 1997年，RLC はニューヨーク証券取引所に上場し，投資家に資本を開放して，資金力の増強を図る。ただし，優先株も発行されたため，ラルフ・ローレン本人の支配権は維持された。

このときの株式公開によって集められた 7 億ドルを超える資金の一部は，販売網の拡大にも投じられた[22]。それらが奏

|||||||||||||||||||||||||||||||||||||||||||

21　Ralph Lauren Corporation, "Annual report," 1998, p. 59.

22　*The Washington Post*, 1997/6/13.

功した結果，同社はきわめて力強い成長を遂げ，1995 年に
8 億 4600 万ドルだった売上高は，とりわけ 2000 年代に大き
く増大し，2020 年には 60 億ドルを超えるに至った（図8.1）。
小売売上高のシェアも年々高まり，2020 年には 60 ％を上回
る見通しが示されている。実際，モノ・ブランド・ショッ
プのネットワークは，2000 年の 229 店舗から，2010 年には
367 店舗，2020 年には 456 店舗に拡大した。1999 年以降は，
これらのうち主要な店舗の近隣に直営のレストランをオープ
ンするなど，新たな試みも行われている。またファッション

❧ 図 8.1　RLC の売上高と小売売上高のシェア（1995〜2020 年）

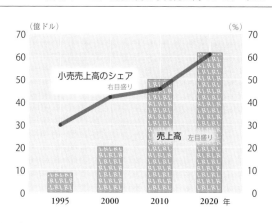

注：1）　年度は 3 月終了。
　　2）　2020 年度は，2019 年 4 月から 2020 年 3 月までの期間を対象
　　　　としているため，COVID-19 危機の影響はわずかと考えられる。
　　3）　オンライン販売は小売売上高に含まれる。

出典：Ralph Lauren Corporation, "Annual reports," 1995-2020.

分野では，2000年にオンライン販売をスタートし，2010年以降大きく成長したといわれるが，詳細なデータは公表されていない。

　高級アクセサリーへの多角化は，2000年代半ばに加速した。2006年にはルックスオティカとアイウェアの製造に関するライセンス契約を締結し，その3年後にはリシュモンと時計製造の合弁企業を設立した。2010年にはジュネーヴに拠点を置き，ジュエリー・コレクションも発表した。なお，それまで同社の経営を率いていたのは，ファッションあるいは百貨店・金融業界出身のアメリカ人実業家たちであったが，ファッション以外の分野でも名声を得るべく，他ブランドから経験豊富なマネジャーを招き始めた。その狙いが最も顕著に表れた例は，イヴ・サンローランの元CEOで，LVMHでもさまざまなブランドのマネジャーを務めたヴァレリー・エルマンを，2014年にラグジュアリー・コレクションの社長に任命したことである。[23]

　とはいえ，驚異的な成長を遂げた2000年代においても，ブランドは従来の市場で拡大を続けていた。COVID-19流行前の2019年，北米で売上の50.8％を上げ，ヨーロッパのシェアが26.3％であった。したがって，アジア市場の存在感は，ヨーロッパのコングロマリットやその他ラグジュアリー・ブランドに比べて，はるかに小さいといえる。RLCはまた，創業者の個性に直結した単一ブランドの上に発展を遂

||||||||||||||||||||||||||||||||||||||||

[23]　彼女は2019年に同職を離れたが，後任は定まっていない。

げ，他ブランドを買収してラグジュアリー・グループを形成しようという動きは見せてこなかった。これは，事業を自らのコントロール下に置いておきたいローレン家の意向によるものと考えられ，その点ではジョルジオ　アルマーニと類似している。ただ，アルマーニとは異なり，RLC は生産の垂直統合を図っていない。1997 年の上場時，同社は生産拠点を持たず，アジアを中心とする世界各地の約 180 社に生産を委託していた。それでも当時は発注額の 42 ％相当が国内で生産されていたが，2020 年には下請企業の数が 500 社以上に増える一方，国内生産のシェアは 2 ％に低下し，中国の生産シェアが 25 ％にまで拡大した。[24]

　以上からわかる通り，アメリカのラグジュアリー・ファッション企業は，ヨーロッパのラグジュアリー企業とは大きく異なった特徴を有する。第 1 に，これらの企業が行っているのは，歴史的な伝統やヘリテージの活用ではなく，明瞭に認識した市場セグメントに向けてブランドを構築していくマーケティング・プロジェクトである。ラルフ・ローレンやトミー・ヒルフィガーといったデザイナーたちは，多くがニューヨーク生まれ，あるいは同地育ちであるが，ファッションを創造ではなく純粋に商業的な活動として捉えている実業家だといえる。そこでは，創造的な活動を通じたブランドへの投資としてオートクチュールを継続すると同時に，収益のために一般消費者向けの製品を生産・販売する，といったビジネ

----

[24]　Ralph Lauren Corporation, "Annual reports," 1997; 2020.

スモデルは必要ない。アメリカのブランドは，自らも航空機で世界を飛び回るような富裕なデザイナーたちを表象し，自立している。クリエイティブであらねばならないとか，手工業の伝統を守らなければならないといった言説に縛られていないため，世界中のどこへ生産拠点を移したとしてもブランド・イメージが損なわれる心配もない。

　第2に，アメリカのファッション・グループはアジア市場に進出していないわけではないが，ヨーロッパのクラシックな高級品に最も近いブランドであるコーチを除いては，その成長を欧米市場に依存している。身近でカジュアルな高級品を売り物にしている彼らは，東アジアにおいて無限の魅力を放つヨーロッパのラグジュアリー・ブランドの前では立場が弱い。

　このように，アメリカのファッション・デザイナー・モデルにも限界がある。そこで，たとえばマイケル・コース・ホールディングス（2019年にカプリ・ホールディングスに改称）は，2017年にイギリスのシューズおよびアクセサリーのブランドであるジミー チュウを，翌2018年にはイタリアのファッション・ブランドであるヴェルサーチェを買収した。同時期，アジア地域の売上高構成比は，2015年のわずか4.6％から，2019年には16.4％へと増大している。[25]依然アメリカ市場への依存度は高いものの，ヨーロッパのブランドを買収することで，地域別売上高の偏りが是正され，よりバランスの

25　Michael Kors Holdings/Capri Holdings, "Annual reports," 1996; 2020.

とれた成長を実現できる可能性が示唆されたと考えられる。

3 ラグジュアリーの源泉としての技術革新

ウブロとリシャール・ミル

最後に，新しいラグジュアリー・ブランドには，歴史的なヘリテージを構築するのでもなく，有名人デザイナーに関連づけたブランド活用を行うでもなく，技術革新に拠って立つところも数多い。カプフェレとバスティアンは，ランボルギーニ，ロールス・ロイス，フェラーリなどの事例から，技術こそが，あらゆる制約を超えた別世界を創り出すと述べている[26]。高級ホテル各社は，19世紀以降，サービスの素晴らしさだけでなく，最新の環境を設えることでも（エレベーター，電灯，電話など），競合他社との差別化を図ってきた[27]。自動車業界でも，電気自動車メーカーのテスラは，新技術を直接的に体現した事例といえる。

　高級品がつくり出され，成長していく中で，技術革新はどういった役割を果たすのだろうか。この分析に関しても，スイスの時計産業に好例を見出すことができる。ブランパンのように，1980年代から1990年代にかけてラグジュアリーへと方向転換したスイスの時計企業は，その多くがヘリテージ

26 KAPFERER and BASTIEN（2009）p. 57.

27 BERGER（2011）。

戦略をとり，伝統を強調した。しかし，2000年以降も大幅に伸長し続けるスイス製の時計輸出は，そうした「伝統的な」商品だけに占められているのではない。この20年間で最も実績を上げた中には，素材開発やムーブメント設計において次々とイノベーションを起こすことにより成功を収めたブランドもある。

　ウブロはその一例である。1980年創業のスイス企業傘下にあるこの時計ブランドは，ゴールド製やスチール製の高級時計にラバーストラップを採用した先駆的な存在であった。[28] 2000年代初頭までは規模も小さく赤字続きだったが，2004年，ブランパンの元社長で，1990年代にはオメガの再興にも携わったビバーが出資し，経営を引き継ぐこととなる。[29] ウブロ製品の独創性に触発された彼は，「フュージョン」(融合)というコンセプトを打ち出し，自社あるいはスイス連邦工科大学ローザンヌ校（EPFL）との共同開発による新素材を用いたモデルを投入していった。カラー・バリエーションの豊富なハイテク・セラミック，傷のつきにくい18Kゴールド，人工サファイアなどが，とくに有名である。[30]

　これらの技術革新により，ウブロはラグジュアリー市場にイノベーティブな製品を提示し，驚異的な成功を収めた。また，著名なイベントやサッカー選手のスポンサーになった

|||||||||||||||||||||||||||||||||||||||||||||

28　*Le Temps*, 2008/4/25.

29　Donzé（2020b）。

30　ウブロ・ウェブサイト（https://www.hublot.com/fr-is/craftsmanship/innovative-materials，2021年5月25日アクセス）。

ことによっても，ブランドの評価は大いに高められた。ウブロの売上高は，2004年の約2900万フラン（2330万ドル）から2007年には1億5000万フラン（1億2500万ドル）に増加し，翌2008年，LVMHに買収されるに至る。[31] その後も成長を続け，2019年には売上高が推定6億4000万フラン（約6億6400万ドル）に達し，売上高世界第12位の時計ブランドとなっている。[32]

　こうした例はウブロに限らない。同社の主要なライバルは，現在も独立を維持しているリシャール・ミルである。時計も扱っていたフランスの企業グループ・マトラの元セールス・エグゼクティブとスイスの時計メーカーによって1999年に設立されたこの会社は，有名メーカーと協業することで革新的な製品を開発してきた。第1作を発売したのは2001年のことである。オーデマ ピゲは，子会社のルノー エ パピを通じ，この新ブランドの製品開発にかかわっている。これによってリシャール・ミルは，トゥールビヨンなど最も複雑な古典的機械式時計の技術を内製化することができた。[33] 何よりも，時計製造の伝統と新素材，そして未来的なデザインの融合という点で，ウブロに似たポジショニングをとっているといえる。ウェブサイトでは，自らを指して「ハイパーテクノロジー」の推進者と謳っている。[34] EPFLと近しい関係にある企業との協同で新しい超軽量複合素材を開発し，テニスの

,,

31　*Le Temps*, 2008/4/25.

32　AUBIN and MARIANI（2020）。

33　*Europa Star*, vol. 24（2003）, p. 3.

全仏オープンでリシャール・ミルのトゥールビヨン搭載モデル（RM27-02）を着用してプレーするラファエル・ナダル

出典：ロイター／アフロ。

ラファエル・ナダルをはじめとする有名スポーツ選手に特別モデルを製作して，その軽さと耐性をアピールするなどしてきた。リシャール・ミルの売上高は，2010年に9800万フラン（約9400万ドル）だったものが，2019年には9億フラン（約9億1000万ドル）にまで拡大していると推定される。[35]

　ウブロやリシャール・ミルのケースは，何世紀にもわたって受け継がれてきた伝統をコミュニケーション戦略の中心に据えている分野においても，技術革新がラグジュアリーの源泉になりうることを示唆するものである。とはいえ，技術革新それ自体が成功を保証するわけではない。ロジェ・デュブイ（1995年創業，2008年にリシュモンが買収）やユリス・ナルダ

<hr />

34　リシャール・ミル・ウェブサイト（https://www.richardmille.com/fr/page/rd，2021年5月25日アクセス）。

35　Vontobel（2011）; Aubin and Mariani（2020）。

ン（1846 年創業，2014 年にケリングが買収）といったブランドが
置かれている苦境からは，新素材の使用や革新的なデザイン
の開発だけでは，強力に成長するラグジュアリー・ブランド
を生み出せないことが窺える。ウブロの「フュージョン」や
リシャール・ミルの「ハイパーテクノロジー」のようなコ
ア・コンセプトが，その製品開発に合致した確固たるブラン
ド・ポジショニングを可能にしているといえる。

4 新しいラグジュアリー企業の成長戦略

　本章では，20 世紀終盤以降に新たなラグジュアリー・ブ
ランドの立ち上げを可能にした 3 つの戦略を紹介した。これ
らの戦略の共通点と相違点を簡単に説明しておこう。

　ここで分析したブランドはすべて，マーケティング・プロ
ジェクトから生まれている。ブランパンであればスイスの時
計づくりの伝統，ラルフ ローレンはアメリカン・カジュア
ル・ファッション，ウブロとリシャール・ミルは素材や機能
の新規性・卓越性など，いずれもが強いメッセージ性を伴っ
た製品を有する中，その潜在的な市場を見極めることが，こ
うしたブランドが誕生（あるいは再出発）する契機となる。優
れたノウハウそれ自体がラグジュアリー・ブランドの成長を
可能にするのではない。反対に，ブランド（および特定の製品）
を発展させたいという欲望が，必要な技術や知識の動員につ
ながるのである。機械式時計メーカーのピゲや，グローバル
化した服飾産業，EPFL など，特定のアクターが，こうした

プロジェクトの技術的実現を支える。なお、世界のラグジュアリー市場は競争が激化しており、新しいブランドはニッチ市場から生まれるのが一般的である。

　以上のような特徴を共通に有しながらも、新しいラグジュアリー・ブランドは、それぞれが独自の成長の経緯を持つ。ハイテク・ベンチャーに関する先行研究によれば、そうしたスタートアップで内部成長するケースは稀であり、成長資金を得るため株式公開や他社への買収を選択する企業が多い。[36]最終的にはコングロマリットや企業グループの一員となる新興高級ブランドが多いのも、同様の傾向といえる。実際、ブランパンはスウォッチ　グループに、ウブロは LVMH に買収された。アメリカのファッション業界でも、いくつかのデザイナーズ・ブランドがグループに統合されている。カルバン・クラインは 2003 年に、トミー　ヒルフィガーは 2010 年に、PVH に買収された。したがって、ラルフ　ローレン（上場はしているが同族経営を維持）やリシャール・ミル（非上場）が独立を堅持しているのは、稀な例といえる。これらは第 5 章で取り上げたイタリアのファミリー・ビジネス・モデルに似たところがあり、同じ課題を抱えている。

---

iiiiiiiiiiiiiiiiiiiiiiiiiiiiiiiiiiiiiiiiiiii

36　NICHOLAS（2019）。

終章

ラグジュアリー産業発展の論理と日本への示唆

前章まで，現代のラグジュアリー産業がどのように形成され発展してきたのかに光を当て，1980年代から1990年代にかけて起こった変革と，この産業を支配する主立ったタイプの企業を分析してきた。以下では締めくくりとして，各組織モデルの特徴を振り返り，ラグジュアリー企業の競争優位について明らかにしていくこととしよう。表9.1は，本書で検討した5つのモデル別に，項目ごとの特徴をまとめたものである。ここから何を学び取れるだろうか。

　第1に，これらの企業には，組織モデルの違いを超えた共通点がある。資本は主に金融市場（株式公開）から調達しているが，支配権は同族が有し，そのために優先株式が用いられることが多い。独立系のファミリー・ビジネス（とくにイタリアのファッション企業）と新しいラグジュアリー・ブランドは非上場であるが，数は少ない。しかも，前者は財務上深刻な問題にしばしば直面し，コングロマリットに買収されてしまった例もある。後者は通常スタートアップ企業であるわけだが，最終的には上場したり（ラルフ ローレン），グループに統合されたりすることもある（ブランパンやウブロ）。

　したがって，金融市場は，現代のラグジュアリー産業を背後で支える不可欠な存在といえる。上場によって増益を求められるようになることは，とりわけグローバルな展開，製品の民主化，ブランド・ポートフォリオの構成といった点で，企業経営に影響を及ぼす。

　また，同族支配はラグジュアリー産業の特徴だが，そのファミリーは多くの場合，数十年あるいは数世紀前にブランドを創造し発展させた一族ではないということに注意が必要

である。アルノー家，ハイエック家，ピノー家，ルパート家などは，グループの構築やブランドの統合に投資を行った，新しいファミリーである。彼らのノウハウは，職人の卓越性や伝統知識の修得ではなく，金融・流通・経営に関するものである。

第2に，地域に深く根ざした企業を除けば，いずれのタイプの企業も世界中で事業活動を営んでいるが，ブランドの多

⌒ 表9.1　ラグジュアリー企業の競争優位性

	コングロマリット	独立系企業	工業グループ	地域に深く根ざした企業	新しいラグジュアリー企業
資金調達	金融市場	プライベート	金融市場	金融市場	プライベート金融市場
支　配	同　族	同　族	同　族株　主	同　族株　主	個　人同　族
ブランド数	多　数	少数か単一	多　数	中程度	少数か単一
製品多様性	高　い	低　い	低　い	低　い	低　い
市　場	グローバル	グローバル	グローバル	ローカル	グローバル
生　産	垂直統合	垂直統合下　請	垂直統合	垂直統合	垂直統合下　請
流　通	垂直統合	垂直統合下　請	垂直統合	垂直統合	垂直統合
具体例	LVMHリシュモンケリング	ジョルジオアルマーニブルガリグッチゼニア	ロレアルルックスオティカフォルクスワーゲンスウォッチ	周大福Titan資生堂	ブランパンウブロリシャール・ミルラルフローレン

239

様性には大きな違いがある。コングロマリットや工業グルー
プは，多くのブランドを擁してポートフォリオを構成してい
る。ブランドを多数所有することで，生産システム・流通・
販売管理においてスケール・メリットが得られ，設備の多重
利用も可能になる。たとえば，グループ内の他ブランド向け
に時計や香水を開発したり（LVMH），外部顧客と化粧品（ロ
レアル）や眼鏡（ルックスオティカ）の製造ライセンスを締結し
たりできるのである。ただし，所有するブランドの幅に関し
ては，コングロマリットは高級品に特化し，工業グループは
すべての市場セグメントに進出しているといった相違がある。

　これに対して独立系ファミリー・ビジネスや新しい企業は，
自律性を確保するため，単一ブランドか，ポートフォリオを
組むとしても小幅な展開にとどまっている。地域に深く根ざ
した企業も同様の状況にあるが，これらの企業では，少数の
ブランドに特徴づけられたマーケティング戦略が原因で，国
際的な事業展開が難しくなっていることも多い。いずれにせ
よ，以上のタイプの企業には，コングロマリットや工業グル
ープのようなスケール・メリットが働いていない。

　第3に，生産と流通については，5つのタイプすべてに共
通する特徴がある。すなわち，各社とも生産と販売を垂直統
合しようとしている。ラグジュアリー・ブランドの経営にあ
たっては，製品品質を保証し流通チャネルをコントロールす
るために，これらの業務を直接管理する必要があるのである。
とはいえ，資本の制約からアウトソーシングが選択されるケ
ースもある。それでも，製造コスト削減のため戦略的に生産
を移転するのは，本拠地での生産こそ促進すべきというラグ

ジュアリーの哲学そのものに反する行為であり，きわめて例外的である。したがって，ラルフ ローレンをはじめとするアメリカのファッション・ブランドなど，ごく限られたケースにしか見られない。

このようにしてラグジュアリー産業における組織モデルを比較分析すると，コングロマリットの競争力の高さが浮き彫りになる。あらゆる点で，コングロマリットは有利な立場にある。1980 年代から 1990 年代にかけて現代のラグジュアリー産業を形成したのが，まさにこうしたグループのトップに立つ企業家たちだったのだから，それは偶然ではない。

しかし，この産業が新しいということを忘れてはならない。高級ブランドの多くは 18〜19 世紀に起源を持ち，現在に至る長い歴史を有する。世紀を超えた永続性が，今日においてもラグジュアリーを体現する正当性を与えてくれる。しかし，現代のラグジュアリー産業の特徴は，ブランドの歴史の長さだけではない。上場大企業が中心となっていることもまた，大きな特徴である。1980 年代以降，これらの企業は，古いブランドを利用して継続的に利益を獲得することを目的とした，新しいビジネスモデルを採用してきた。ラグジュアリー産業は，このような経営パラダイムに基づいた，新しい産業なのである。

加えて，ラグジュアリー産業におけるヨーロッパのブランドおよび企業の優位性について，一言述べておきたい。この優位性は，気品と伝統そして快楽主義が組み合わさった，ヨーロッパで理想的とされる生活様式が放つ強烈な魅力に支え

終章 ラグジュアリー産業発展の論理と日本への示唆

241

られている。多くの国、とりわけアジア諸国では、こうした
ヨーロッパの生活様式は、伝統的な社会の価値観を打ち破り、
経済的（所得と富の増加）・社会的（個人主義の浸透）・文化的（教
育水準の向上）に発展した結果として得られるものだというイ
メージが、集合的に共有されているのである。

　ヨーロッパは当初、経済力・技術力・軍事力によって帝国
を築き、世界を支配した。それが20世紀に入り、アメリカ
の出現や、脱植民地化、新興国経済の台頭などに挑戦を受け
た。多極化した世界において、ヨーロッパはかつての影響力
をほとんど失ったが、文化的帝国主義の一部をなしてきたヨ
ーロッパ・ブランドが強く有する魅力により、フランス、イ
タリア、スイスなどの国々は、いわゆるソフト・パワーを発
揮し、世界各地で存在感を維持できている。

　もちろん、本書で説明してきた通り、このようなヨーロッ
パ主導のラグジュアリー産業モデルには例外もある。とはい
え、それらは周縁で発生しているに過ぎない。まず、そうし
たブランドには、高級品というよりもプレミアム・セグメン
トに近く、マス・マーケット向けに強力なブランドが付与さ
れた高品質製品といったものが含まれる。アメリカのファッ
ションやアジアのジュエリーが典型である。しかも、これら
にはグローバルに展開できていないブランドも少なくない。
大きな国内市場（アジアのジュエリーやアメリカのファッション）
や文化的な特殊性（日本の化粧品）のために、地域に密着して
いるのである。

　ただ、同じアメリカのブランドでも、ハイジュエリー（ハ
リー・ウィンストンやティファニー）や香水（エスティ ローダー）

モノ・ブランド・ストアは，単なる販売店ではなく，ブランド・アイデンティティを表現する空間である。たとえばルイ・ヴィトンの直営店は，革新性と，大胆なデザイン，卓越性の探求を体現しようとしている。

出典：筆者撮影（東京・銀座，2021 年）。

には，このパターンにあてはまらないものがあり，それらはニューヨークやハリウッドのスターが持つグラマラスなイメージに伴って発展してきた。何人ものイタリア人デザイナーを成功に導いたのと同様の経路である。上記のようなブランドは，西洋諸国に共通する個人主義的・快楽主義的な価値観を体現しているため，世界市場がヨーロッパに抱くのと同種のイメージで捉えられているのだろう。

　改めて本書は，ヨーロッパのラグジュアリー企業が世界市場で示す競争優位の源泉を，詳細に解説したものである。重要な発見事実として，この産業では LVMH のようなコングロマリットが強い支配力を発揮しているものの，それが唯一の組織形態ではないということを強調しておきたい。続けて，日本のビジネス界にいくつかの示唆を述べ，本書を終えることとしよう。日本企業がヨーロッパのラグジュアリー産業か

ら学べることは何か。ポイントは以下の3点である。

　第1に，大切なのはブランドの長い歴史それ自体ではなく，強固なブランド・アイデンティティをつくり上げ，消費者に一貫したメッセージを発信するために築かれるヘリテージである。ブランドに歴史がなくとも，影響力の大きなヘリテージを持つことは可能である。ジョルジオ アルマーニやヴェルサーチェのように天才的な創業者に焦点を当てたり，エルメネジルド ゼニアの高品質ウールやウブロのカラフルな新型セラミックのように特別な希少素材をアピールすることでも，ヘリテージ戦略を展開できる。歴史家のように過去を正確に説き明かす必要はない。それよりも，製品やブランドが体現する明確なヘリテージを発明することである。日本企業には依然として，製品の本質的な特徴にこだわる，ものづくりの発想が根強い。延岡健太郎も主張するように，ヨーロッパのラグジュアリー企業の成功は，価値創造の方法を転換する必要性を教えてくれている。[1]

　第2に，日本市場を特別視・特殊視するのをやめ，グローバルに考えることが強く求められている。ラグジュアリー・ブランドは，世界のどこにおいても同じようなアイデンティティを共有する。適応がまったくなされていないわけではないが，原則としては世界を1つの市場と捉えている。ヨーロッパのラグジュアリー・ブランドのマネジャーが築き上げるヘリテージは，先に国内の顧客を意識して考案されるので

━━━━━━━━━━━━━━━━━━━━━━━━━━━

1　延岡 (2021)。

はなく，はじめから普遍的な価値を提示しようとしている
のである。まず日本で発売し，成功したら次に海外展開（主
にアジア進出）するというように，段階的には考えられていな
い。最初から世界市場に向けて商品を開発しようと思えば，
従業員と経営者の多様性を高める必要性にも迫られることだ
ろう。日本企業における外国人役員の割合は，いまだに低す
ぎるといわざるをえない。そうしたことが，世界市場に訴え
るブランド・アイデンティティの弱さにつながっているよう
にも感じられる。

　第3に，ヘリテージ戦略に基づくラグジュアリー・ビジネ
スは，生産コストの絶え間ない削減という罠から抜け出す道
を示している。グローバルな競争が，価格へのプレッシャー
をもたらしていることは間違いない。日本の製造業とヨー
ロッパのラグジュアリー企業は，この課題に異なる方法で対
応している。日本企業はコストに焦点を当てる。生産活動の
一部を低賃金国へ移転するなどしてコスト削減を実現し，消
費者価格を上げずに収益性を確保する。しかし，これは終わ
りのないプロセスであり，いずれは収益性が低下する可能性
を伴っている。ヨーロッパのラグジュアリー企業は異なった
アプローチをとる。コストではなく，販売価格と利益を重視
するのである。何か他とは違うものを提供することで販売価
格を上げ，利益率を高めるという方法である。ヘリテージ
戦略によって，製品（モノ）は商品（コト）に変わる。それは，
より多くの価値をもたらし，国富の増加に貢献する。この違
いこそ，日本企業がヨーロッパの高級品メーカーから学ぶべ
き，最も重要な点であろう。

参 考 文 献

AGINS, Teri (1999) *The End of Fashion: The Mass Marketing of the Clothing Business*, New York: William Morrow.（安原和見訳『ファッションデザイナー：食うか食われるか』文藝春秋, 2000 年）

ALLÉRÈS, Danielle (1991) "Spécificités et stratégies marketing des différents univers du luxe," *Revue française du marketing*, no. 132-133, pp. 71-96.

ALLÉRÈS, Danielle (1992) *L'empire du luxe*, Paris: Belfond.

ARMBRUSTER-SANDOVAL, Ralph (1999) "Globalization and cross-border labor organizing: The Guatemalan maquiladora industry and the Phillips Van Heusen workers' movement," *Latin American Perspectives*, vol. 26, no. 2, pp. 108-128.

ARMITAGE, John, and ROBERTS, Joanne, eds. (2016) *Critical Luxury Studies: Art, Design, Media*, Edinburgh: Edinburgh University Press.

AUBIN, Edouard, and MARIANI, Elena (2020) "Swiss watches: Polarisation accelerates further," Morgan Stanley & Co.

AUDI AG (1998) *A History of Progress: Chronicle of the Audi AG*, Cambridge: Bentley Pub.

BAIN & CO. (2020) "Eight themes that are rewriting the future of luxury goods"（https://www.bain.com/insights/eight-themes-that-are-rewriting-the-future-of-luxury-goods/）.

BERGER, Molly W. (2011) *Hotel Dreams: Luxury, Technology, and Urban Ambition in America, 1829-1929*, Baltimore: Johns Hopkins University Press.

BERGERON, Louis (1998) *Les industries de luxe en France*, Paris: Odile Jacob.（内田日出海訳『フランスのラグジュアリー産業：ロマネ・コンティからヴィトンまで』文眞堂, 2017 年）

BONETTI, Francesca (2014) "Italian luxury fashion brands in China: A retail perspective," *The International Review of Retail, Distribution and Consumer Research*, vol. 24, no. 4, pp. 453-477.

BONIN, Hubert (2012) "Reassessment of the business history of the French luxury sector: The emergence of a new business model and a renewed corporate image (from the 1970s)," in Luciano Segreto, Hubert Bonin,

Andrzej K. Kozminski, Carles Manera and Manfred Pohl eds., *European Business and Brand Building*, Brussels: PIE Peter Lang, pp. 113–135.

BONVICINI, Stéphanie（2004）*Louis Vuitton: Une saga française*, Paris: Fayard.

BOURDIEU, Pierre（1979）*La distinction: Critique sociale du jugement*, Paris: Éditions de Minuit.（石井洋二郎訳『ディスタンクシオン：社会的判断力批判』全2巻, 新評論, 1989–1990年）

BOUWENS, Bram, DONZÉ, Pierre-Yves, and KUROSAWA, Takafumi, eds.（2017）*Industries and Global Competition: A History of Business beyond Borders*, New York: Routledge.

BRIOT, Eugénie（2015）*La fabrique des parfums: Naissance d'une industrie de luxe*, Paris: Vendémiaire.

BRIOT, Eugénie（2018）"1921: Parfumer le monde," in Patrick Boucheron ed., *Histoire mondiale de la France*, Paris: Seuil, pp. 800–805.

BYTHEWAY, Simon James（2014）*Investing Japan: Foreign Capital, Monetary Standards, and Economic Development, 1859–2011*, Cambridge: Harvard University Asia Center.（サイモン・J.バイスウェイ著『和魂外資：外資系の投資と企業史および特殊会社の発達史1859–2018』刀水書房, 2019年）

CAMPAGNOLO, Diego, and CAMUFFO, Arnaldo（2011）"Globalization and low-technology industries: The case of Italian eyewear," in Paul L. Robertson and David Jacobson eds., *Knowledge Transfer and Technology Diffusion*, Cheltenham: Edward Elgar, pp. 138–161.

CARNEVALI, Francesca（2011）"Fashioning luxury for factory girls: American jewelry, 1860–1914," *Business History Review*, vol. 85, no. 2, pp. 295–317.

CASTARÈDE, Jean（2006）*Histoire du luxe en France: Des origines à nos jours*, Paris: Éditions Eyrolles.

CEDROLA, Elena, and SILCHENKO, Ksenia（2016）"Ermenegildo Zegna: When family values guide global expansion in the luxury industry," in Byoungho Jin and Elena Cedrola eds., *Fashion Brand Internationalization: Opportunities and Challenges*, New York: Palgrave Pivot, pp. 31–64.

CHANDLER, Alfred D., Jr.（1990）*Scale and Scope: The Dynamics of Industrial Capitalism*, Boston: Harvard University Press.（安部悦生・川辺信雄・工藤章・西牟田祐二・日高千景・山口一臣訳『スケール・ア

ンド・スコープ：経営力発展の国際比較』有斐閣，1993 年）

CHATRIOT, Alain (2007) "La construction récente des groupes de luxe français: Mythes, discours et pratiques," *Entreprises et histoire*, no. 46, pp. 143–156.

CHATTOPADHYAY, Utpal, and BHAWSAR, Pragya (2017) "Effects of changing business environment on organization performance: The case of HMT Watches Ltd," *South Asian Journal of Business and Management Cases*, vol. 6, no. 1, pp. 36–46.

CLIFFE, Sheila (2017) *The Social Life of Kimono: Japanese Fashion Past and Present*, London: Bloomsbury Publishing.

COLLI, Andrea (2017) *Edizione: The Story of the Benetton Holding Company, 1986–Present*, London: Third Millennium Publishing.

COLLI, Andrea, and MERLO, Elisabetta (2007) "Family business and luxury business in Italy (1950–2000)," *Entreprises et histoire*, vol. 46, pp. 113–124.

COLLI, Andrea, RINALDI, Alberto, and VASTA, Michelangelo (2016) "The only way to grow? Italian business groups in historical perspective," *Business History*, vol. 58, no. 1, pp. 30–48.

COLLI, Andrea, and VASTA, Michelangelo (2015) "Large and entangled: Italian business groups in the long run," *Business History*, vol. 57, no. 1, pp. 64–96.

CRETTAZ, Bernard (1993) *La beauté du reste: Confessions d'un conservateur de musée sur la perfection et l'enfermement de la Suisse et des Alpes*, Carouge: Éditions Zoé.

DAIX, Pierre (1998) *François Pinault: Essai biographique*, Paris: Éditions de Fallois.

DELOITTE (2019) "Global power of luxury goods 2019: Bridging the gap between the old and the new" (https://www2.deloitte.com/content/dam/Deloitte/ar/Documents/Consumer_and_Industrial_Products/Global-Powers-of-Luxury-Goods-abril-2019.pdf).

DION, Delphine (2022) "How to manage heritage brands: The case of sleeping beauties revival," in Pierre-Yves Donzé, Véronique Pouillard and Joanne Roberts eds., *Oxford Handbook of Luxury Business*, Oxford and New York: Oxford University Press, pp. 273–286.

DONZÉ, Pierre-Yves (2012a) *Histoire du Swatch Group*, Neuchâtel: Alphil.

（長沢伸也監修・訳『「機械式時計」という名のラグジュアリー戦略』
世界文化社，2014 年）

DONZÉ, Pierre-Yves（2012b）"Global competition and technological innova-
tion: A new interpretation of the watch crisis, 1970s–1980s," in Thomas
David, Jon Mathieu, Janick Marina Schaufelbuehl and Tobias Straumann
eds., *Crises - causes, interprétations et conséquences*, Zürich: Chronos,
pp. 275–289.

DONZÉ, Pierre-Yves（2014）*Rattraper et dépasser la Suisse: Histoire de
l'industrie horlogère japonaise, 1850 à nos jours*, Neuchâtel: Alphil-
Presses universitaires suisses.

DONZÉ, Pierre-Yves（2017a）*L'invention du luxe: Histoire de l'horlogerie
à Genève de 1815 à nos jours*, Neuchâtel: Alphil.

DONZÉ, Pierre-Yves（2017b）"Fashion watches: The emergence of accessory
makers as intermediaries in the fashion system," *International Journal
of Fashion Studies*, vol. 4, no. 1, pp. 69–85.

DONZÉ, Pierre-Yves（2018）"How to enter the Chinese luxury market? The
example of Swatch Group," in Pierre-Yves Donzé and Rika Fujioka eds.,
*Global Luxury: Organizational Change and Emerging Markets since
the 1970s*, Singapore: Palgrave Macmillan, pp. 177–194.

DONZÉ, Pierre-Yves（2019）"National labels and the competitiveness of
European industry: The example of the 'Swiss Made' law since 1950,"
European Review of History: Revue européenne d'histoire, vol. 26, no.
5, pp. 855–870.

DONZÉ, Pierre-Yves（2020a）*Des nations, des firmes et des montres:
Histoire globale de l'industrie horlogère de 1850 à nos jours*, Neuchâtel:
Alphil.

DONZÉ, Pierre-Yves（2020b）"Industrial leadership and the long-lasting
competitiveness of the Swiss watch industry," in Martin Guttmann ed.,
*Historians on Leadership and Strategy: Case Studies from Antiquity to
Modernity*, Cham: Springer, pp. 171–191.

DONZÉ, Pierre-Yves（2020c）"The transformation of global luxury brands:
The case of the Swiss watch company Longines, 1880–2010," *Business
History*, vol. 62, no. 1, pp. 26–41.

DONZÉ, Pierre-Yves（2022）"Luxury as an industry," in Pierre-Yves Donzé,
Véronique Pouillard and Joanne Roberts eds., *Oxford Handbook of*

Luxury Business, Oxford and New York: Oxford University Press, pp. 59–78.

DONZÉ, Pierre-Yves, and BOREL, David（2019）"Technological innovation and brand management: The Japanese watch industry since the 1990s," *Journal of Asia-Pacific Business*, vol. 20, no. 2, pp. 82–101.

DONZÉ, Pierre-Yves, and FUJIOKA, Rika（2017）"Luxury business," Oxford Research Encyclopedias: Business and Management（https://doi. org/10.1093/acrefore/9780190224851.013.96）.

DONZÉ, Pierre-Yves, and FUJIOKA, Rika, eds.（2018）*Global Luxury: Organizational Change and Emerging Markets since the 1970s*, Singapore: Palgrave Macmillan.

DONZÉ, Pierre-Yves, and FUJIOKA, Rika（2021）"The formation of a technology-based fashion system, 1945–1990: The sources of the lost competitiveness of Japanese apparel companies," *Enterprise & Society*, vol. 22, no. 2, pp. 438–474.

DONZÉ, Pierre-Yves, INUKAI, Tomonori, NAKAGAWA, Koichi, and NOBEOKA, Kentaro（2022）"Dealers and the formation of premium brands in the German car industry: Audi AG（1990–2020）"『大阪大学経済学』第 72 巻第 1 号、1–18 頁。

DONZÉ, Pierre-Yves, and KATSUMATA, Sotaro（2022）"High-end luxury wine demand and income inequality," *International Journal of Wine Business Research*, vol. 34, no. 1, pp. 112–132.

DONZÉ, Pierre-Yves, and NISHIMURA, Shigehiro, eds.（2014）*Organizing Global Technology Flows: Institutions, Actors, and Processes*, New York: Routledge.

DONZÉ, Pierre-Yves, and WUBS, Ben（2018）"LVMH: Storytelling and organizing creativity in luxury and fashion," in Regina Lee Blaszczyk and Véronique Pouillard eds., *European Fashion: The Creation of a Global Industry*, Manchester: Manchester University Press, pp. 63–85.

DONZÉ, Pierre-Yves, and WUBS, Ben（2019）"Storytelling and the making of a global luxury fashion brand: Christian Dior," *International Journal of Fashion Studies*, vol. 6, no. 1, pp. 83–102.

DUFRESNE, Jean-Luc（2006）"La maison Dior et le monde, 1946–2006," in *Christian Dior et le monde*, Paris: Musée Christian Dior, Artlys, pp. 5–9.

DUGGAN, Ginger Gregg（2001）"The greatest show on earth: A look at

参考文献

contemporary fashion shows and their relationship to performance art,"
Fashion Theory, vol. 5, no. 3, pp. 243–270.

EUROSTAF DAFSA (1987) "LVMH".

EVENO, Patrick (1999) "La construction d'un groupe international, LVMH,"
in Jacques Marseille ed., *Le luxe en France, du siècle des Lumières
à nos jours*, Paris: Association pour le développement de l'histoire
économique, pp. 291–321.

FUJIOKA, Rika, LI, Zhen, and KANEKO, Yuta (2018) "The democratization of
luxury and the expansion of the Japanese Market, 1960–2010," in Pierre-
Yves Donzé and Rika Fujioka eds., *Global Luxury: Organizational
Change and Emerging Markets since the 1970s*, Singapore: Palgrave
Macmillan, pp. 133–156.

GINO, Francesca, and PISANO, Gary (2019) "Humanistic capitalism at
Brunello Cucinelli," Harvard Business School Case 920–007.

GIROUD, Françoise (1987) *Dior: Christian Dior, 1905–1957*, Paris: Éditions
du Regard.

GRAU, François-Marie (2000) *La haute couture*, Paris: Presses universitaires
de France.

HAKALA, Ulla, LÄTTI, Sonja, and SANDBERG, Birgitta (2011) "Operational-
ising brand heritage and cultural heritage," *Journal of Product & Brand
Management*, vol. 20, no. 6, pp. 447–456.

HALL, John R. (1980) "The time of history and the history of times," *History
and Theory*, vol. 19, no. 2, pp. 113–131.

HANSSENS, Nicolas B. (2008) "Which international marketing for luxury
goods? The case of the Swiss watch industry in China," Université de
Neuchâtel-Enterprise Institute.

HASHINO, Tomoko (2018) "The survival strategy of the Japanese kimono
industry," in Pierre-Yves Donzé and Rika Fujioka eds., *Global Luxury:
Organizational Change and Emerging Markets since the 1970s*,
Singapore: Palgrave Macmillan, pp. 257–274.

HATA, Kyojiro (2004) *Louis Vuitton Japon: L'invention du luxe*, Paris:
Assouline.

HAYEK, Nicolas G. (2006) *Au-delà de la saga Swatch: Entretiens d'un
authentique entrepreneur avec Friedemann Bartu*, Paris: Albin Michel.

HIGGINS, David M. (2018) *Geographical Origin, and the Global Economy:*

A History from the Nineteenth Century to the Present, Cambridge: Cambridge University Press.

HINES, Tony, and BRUCE, Margaret, eds.（2007）*Fashion Marketing: Contemporary Issues（2nd ed.）*, Burlington: Butterworth-Heinemann.

HOBSBAWM, Eric, and RANGER, Terence, eds.（1983）*The Invention of Tradition*, Cambridge: Cambridge University Press.（前川啓治・梶原景昭ほか訳『創られた伝統』紀伊國屋書店, 1992 年）

INTERBRAND（2018）"Best global brands 2017"（https://interbrand.com/wp-content/uploads/2018/02/Best-Global-Brands-2017.pdf）.

INTERBRAND（2020）"Best global brands 2020"（https://learn.interbrand.com/hubfs/INTERBRAND/Interbrand_Best_Global_Brands%202020.pdf）.

International Directory of Company Histories, vol. 8（1994）, "L'Oréal SA," pp. 129–131.

International Directory of Company Histories, vol. 15（1996）"Gucci Group NV," pp. 198–200.

International Directory of Company Histories, vol. 20（1998）, "Bulgari SpA," pp. 94–97.

International Directory of Company Histories, vol. 27（1999）, "Vendôme Luxury Group," pp. 487–489.

International Directory of Company Histories, vol. 29（1999）, "Cartier Monde," pp. 90–92.

International Directory of Company Histories, vol. 35（2001）, "Inter Parfums," pp. 235–237.

International Directory of Company Histories, vol. 45（2002）, "Giorgio Armani," pp. 180–182.

International Directory of Company Histories, vol. 49（2003）, "Chanel SA," pp. 83–86.

International Directory of Company Histories, vol. 50（2003）, "Gucci Group," pp. 213–215.

International Directory of Company Histories, vol. 52（2003）, "Luxottica," pp. 227–230.

International Directory of Company Histories, vol. 63（2004）, "Ermenegildo Zegna," pp. 149–151.

ISOZAKI, Yoko, and DONZÉ, Pierre-Yves（2022）"Dominance versus collaboration models: French and Italian luxury fashion brands in Japan," *Journal of Global Fashion Marketing*, online prepublication..

JACKSON, Anna, ed. (2020) *Kimono: Kyoto to Catwalk*, London: V&A Publishing.

JEANNERAT, Hugues, and CREVOISIER, Olivier (2011) "Non-technological innovation and multi-local territorial knowledge dynamics in the Swiss watch industry," *International Journal of Innovation and Regional Development*, vol. 3, no. 1, pp. 26–44.

JONES, Geoffrey (2010) *Beauty Imagined: A History of the Global Beauty Industry*, Oxford: Oxford University Press. (江夏健一・山中祥弘監訳『ビューティビジネス：「美」のイメージが市場をつくる』中央経済社，2011 年)

JONES, Geoffrey, and POUILLARD, Véronique (2009) "Christian Dior: A new look for haute couture," Harvard Business School Case 809–159.

KAPFERER, Jean-Noël (2015) *Kapferer on Luxury: How Luxury Brands Can Grow Yet Remain Rare*, New York: Kogan Page. (早稲田大学大学院商学研究科長沢研究室訳『カプフェレ教授のラグジュアリー論：いかにラグジュアリーブランドが成長しながら稀少であり続けるか』同友館，2017 年)

KAPFERER, Jean-Noël, and BASTIEN, Vincent (2009) *The Luxury Strategy: Break the Rules of Marketing to Build Luxury Brands*, New York: Kogan Page. (長沢伸也訳『ラグジュアリー戦略：真のラグジュアリーブランドをいかに構築しマネジメントするか』東洋経済新報社，2011 年)

KAWAMURA, Yuniya (2004) *The Japanese Revolution in Paris Fashion*, Oxford: Berg.

LELARGE, Gérard (2015) *Jean-Claude Biver: L'homme qui a sauvé la montre mécanique*, Paris: Éditions Eyrolles.

LÉVI-STRAUSS, Claude (1962) *La pensée sauvage*, Paris: Plon.

LOPES, Teresa da Silva (2007) *Global Brands: The Evolution of Multinationals in Alcoholic Beverages*, Cambridge: Cambridge University Press.

MADHAVI, S., and RAMA DEVI, T. (2015) "Problems of Indian jewellery industry," *International Journal of Management Research and Reviews*, vol. 5, no. 8, pp. 623–628.

MARROU, Henri-Irénée (1954) *De la connaissance historique*, Paris: Seuil.

MARSEILLE, Jacques（1999）*Le luxe en France du siècle des Lumières à nos jours*, Paris: ADHE.

MARSEILLE, Jacques（2009）*L'Oréal, 1909–2009*, Paris: Perrin.

MARTI, Laurence（2016）*Le renouveau horloger: Contribution à une histoire récente de l'horlogerie suisse（1980–2015）*, Neuchâtel: Alphil.

MENDES, Valerie, and DE LA HAYE, Amy（2010）*Fashion since 1900*, London: Thames & Hudson.

MERLO, Elisabetta（2011）"Italian fashion business: Achievements and challenges（1970s–2000s）," *Business History*, vol. 53, no. 3, pp. 344–362.

MERLO, Elisabetta（2018）"Italian luxury goods industry on the move: SMEs and global value chains," in Pierre-Yves Donzé and Rika Fujioka eds., *Global Luxury: Organizational Change and Emerging Markets since the 1970s*, Singapore: Palgrave Macmillan, pp. 39–63.

MERLO, Elisabetta, and PERUGINI, Mario（2020）"Making Italian fashion global: Brand building and management at Gruppo Finanziario Tessile（1950s–1990s）," *Business History*, vol. 62, no. 1, pp. 42–69.

MERLO, Elisabetta, and POLESE, Francesca（2006）"Turning fashion into business: The emergence of Milan as an international fashion hub," *Business History Review*, vol. 80, no. 3, pp. 415–447.

MESSAROVITCH, Yves（2000）*Bernard Arnault: La passion créative*, Paris: Plon.

MOORE, Christopher M., and BIRTWISTLE, Grete（2004）"The Burberry business model: Creating an international luxury fashion brand," *International Journal of Retail & Distribution Management*, vol. 32, no. 8, pp. 412–422.

MOORE, Christopher M., and BIRTWISTLE, Grete（2005）"The nature of parenting advantage in luxury fashion retailing: The case of Gucci Group NV," *International Journal of Retail & Distribution Management*, vol. 33, no. 4, pp. 256–270.

MOORE, Christopher M., and DOYLE, Stephen A.（2022）"The strategic value of the mono-brand store for European luxury fashion brands," in Pierre-Yves Donzé, Véronique Pouillard and Joanne Roberts eds., *Oxford Handbook of Luxury Business*, Oxford and New York: Oxford University Press, pp. 353–378.

MUNZ, Hervé（2016）*La transmission en jeu: Apprendre, pratiquer, patrimonialiser l'horlogerie en Suisse*, Neuchâtel: Alphil.

NADELHOFFER, Hans（2007）*Cartier*, San Francisco: Chronicle Books.

NICHOLAS, Tom（2019）*VC: An American History*, Cambridge: Harvard University Press.

NIEUWENHUIS, Paul, and WELLS, Peter, eds.（2015）*The Global Automotive Industry*, Singapore: John Wiley & Sons.

NUENO, Jose Luis, and QUELCH, John A.（1998）"The mass marketing of luxury," *Business Horizons*, vol. 41, no. 6, pp. 61–68.

OKAWA, Tomoko（2008）"Licensing practices at Maison Christian Dior," in Regina L. Blaszczyk ed., *Producing Fashion: Commerce, Culture, and Consumers*, Philadelphia: University of Pennsylvania Press, pp. 82–110.

OSTILLIO, Maria Carmela, and GHADDAR, Sarah（2017a）"Salvatore Ferragamo: Brand heritage as main vector of brand extension and internationalization," in Byoungho Jin and Elena Cedrola eds., *Fashion Branding and Communication: Core Strategies of European Luxury Brands*, New York: Palgrave Macmillan, pp. 73–99.

OSTILLIO, Maria Carmela, and GHADDAR, Sarah（2017b）"Tod's: A global multi-brand company with a taste of tradition," in Byoungho Jin and Elena Cedrola eds., *Fashion Branding and Communication: Core Strategies of European Luxury Brands*, New York: Palgrave Macmillan, pp. 101–123.

PIKETTY, Thomas（2013）*Le capital au XXIe siècle*, Paris: Seuil.（山形浩生・守岡桜・森本正史訳『21 世紀の資本』みすず書房，2014 年）

PIKETTY, Thomas（2019）*Capital et idéologie*, Paris: Seuil.

POTVIN, John（2013）*Giorgio Armani: Empire of the Senses*, London and New York: Routledge.

POUILLARD, Véronique（2016）"Managing fashion creativity: The history of the Chambre Syndicale de la Couture Parisienne during the interwar period," *Investigaciones de Historia Económica*, vol. 12, no. 2, pp. 76–89.

PRIES, Ludger（2003）"Accelerating from a multinational to a transnational carmaker: The Volkswagen consortium in 1990s," in Michel Freyssenet, Koichi Shimizu and Giuseppe Volpato eds., *Globalization or Regionalization of the European Car Industry?* Basingstoke: Palgrave Macmillan, pp. 51–72.

PRONITCHEVA, Karina（2018）"Luxury brands and public museums: From anniversary exhibitions to co-branding," in Pierre-Yves Donzé and Rika Fujioka eds., *Global Luxury: Organizational Change and Emerging Markets since the 1970s*, Singapore: Palgrave Macmillan, pp. 219–237.

QUEK, Mary（2011）"Comparative historical analysis of four UK hotel companies, 1979–2004," *International Journal of Contemporary Hospitality Management*, vol. 23, no. 2, pp. 147–173.

RAFFAELLI, Ryan（2019）"Technology reemergence: Creating new value for old technologies in Swiss mechanical watchmaking, 1970–2008," *Administrative Science Quarterly*, vol. 64, no. 3, pp. 576–618.

RE, Piergiorgio, GIACHINO, Chiara, BERTOLDI, Bernardo, and MINOPOLI, Marta（2016）"The role of the founder's DNA throughout crisis: The revitalization of Moncler," in Fabrizio Mosca and Rosalia Gallo eds., *Global Marketing Strategies for the Promotion of Luxury Goods*, Hershey: IGI Global, pp. 266–283.

RICHON, Marco（1998）*Omega Saga*, Biel: Fondation Brandt.

ROSEN, Ellen Israel（2002）*Making Sweatshops: The Globalization of the U.S. Apparel Industry*, Berkeley: University of California Press.

ROSENBAUM, Mark S., and SPEARS, Daniel L.（2006）"An exploration of spending behaviors among Japanese tourists," *Journal of Travel Research*, vol. 44, no. 4, pp. 467–473.

SADUN, Raffaella, FEIT, Hanoch, GUJRAL, Vaibhav, and ZOUEIN, Gerard（2014）"Transforming Tommy Hilfiger（A）," Harvard Business School Case 714–451.

SALMON, Christian（2007）*Storytelling: La machine à fabriquer des histoires et à formater les esprits*, Paris: La Découverte.

SAVELLI, Elisabetta（2011）"Role of brand management of the luxury fashion brand in the global economic crisis: A case study of Aeffe group," *Journal of Global Fashion Marketing*, vol. 2, no. 3, pp. 170–179.

SCHUMPETER, Joseph A.（1942）*Capitalism, Socialism, and Democracy*, New York: Harper & Brothers.（中山伊知郎・東畑精一訳『資本主義・社会主義・民主主義』新装版，東洋経済新報社，1995 年）

SCRANTON, Philip（1997）*Endless Novelty: Specialty Production and American Industrialization, 1865–1925*, Princeton: Princeton University Press.（廣田義人・森杲・沢井実・植田浩史訳『エンドレス・ノヴェルティ：アメリカの第 2 次産業革命と専門生産』有斐閣，2004 年）

SIMMEL, Georg (1904) "Fashion," *International Quarterly*, vol. 10, pp. 130–155.

SMIT, Barbara (2007) *Pitch Invasion: Adidas, Puma and the Making of Modern Sport*, London: Penguin UK.

SOMBART, Werner (1913) *Krieg und Kapitalismus*, Leipzig: Duncker & Humblot.

STEELE, Valerie (1998) *Paris Fashion: A Cultural History*, London: Bloomsbury Publishing.

THEURILLAT, Thierry, and DONZÉ, Pierre-Yves (2017) "Retail networks and real estate: The case of Swiss luxury watches in China and Southeast Asia," *The International Review of Retail, Distribution and Consumer Research*, vol. 27, no. 2, pp. 126–145.

TRUEB, Lucien F. (2005) *The World of Watch: History, Industry, Technology*, New York: Ebner Publishing.

UMEMURA, Maki, and SLATER, Stephanie (2017) "Reaching for global in the Japanese cosmetics industry, 1951 to 2015: The case of Shiseido," *Business History*, vol. 59, no. 6, pp. 877–903.

URDE, Mats, GREYSER, Stephen A., and BALMER, John M. (2007) "Corporate brands with a heritage," *Journal of Brand Management*, vol. 15, no. 1, pp. 4–19.

VEBLEN, Thorstein (1899) *The Theory of the Leisure Class: An Economic Study of Institutions*, New York: Macmillan.

VONTOBEL (2011) "Vontobel luxury goods shop".

VONTOBEL (2018) "Vontobel luxury goods shop".

WANG, Ying, SUN, Shaojing, and SONG, Yiping (2011) "Chinese luxury consumers: Motivation, attitude and behavior," *Journal of Promotion Management*, vol. 17, no. 3, pp. 345–359.

WIEDMANN, Klaus-Peter, HENNIGS, Nadine, SCHMIDT, Steffen, and WUESTEFELD, Thomas (2011) "The importance of brand heritage as a key performance driver in marketing management," *Journal of Brand Management*, vol. 19, no. 3, pp. 182–194.

WOODSIDE, Arch G. (2010) "Brand-consumer storytelling theory and research: Introduction to a Psychology & Marketing special issue," *Psychology & Marketing*, vol. 27, no. 6, pp. 531–540.

YAMADA, Masahiro (2001) "Parasite singles feed on family system," *Japan*

Quarterly, vol. 48, no. 1, pp. 10–16.

ZANON, Johanna（2018）"Reawakening the 'sleeping beauties' of haute couture: The case of Guy and Arnaud de Lummen," in Regina Lee Blaszczyk and Véronique Pouillard eds., *European Fashion: The Creation of a Global Industry*, Manchester: Manchester University Press, pp. 86–115.

川端由美・広田雅将・鈴木幸也（2017）「グランドセイコー新世界戦略発動」『クロノス日本版』第 72 号，74–81 頁。

木下明浩（2003）「ブランド概念の拡張：1970 年代イトキンの事例」『経済論叢』（京都大学）第 171 巻第 3 号，1–20 頁。

木下明浩（2011）『アパレル産業のマーケティング史：ブランド構築と小売機能の包摂』同文舘出版。

島田昌和編著（2020）『きものとデザイン：つくり手・売り手の一五〇年』ミネルヴァ書房。

日本貿易振興会（1980）「スイスの金属製時計バンド市場調査」。

延岡健太郎（2021）『アート思考のものづくり』日本経済新聞出版。

平野光雄（1968）『精工舎史話』精工舎。

藤岡里圭（2006）『百貨店の生成過程』有斐閣。

藤岡里圭（2013）「高度成長期における百貨店の高級化と特選ブランドの役割」『経済論叢』（京都大学）第 187 巻第 3 号，95–110 頁。

ポーラ五〇年史編纂委員会編纂（1980）『永遠の美を求めて：POLA 物語』ポーラ化粧品本舗。

ミキモト（1994）『御木本真珠発明 100 年史』。

三宅秀道（1998）「日本真珠産業の初期発達史の研究」早稲田大学大学院商学研究科修士論文（未公表）。

企業・団体の年次報告書等（主なもの）　Audi；Brunello Cucinelli；Burberry；Chow Tai Fook；Christian Dior Couture；Compagnie Financière Richemont；Contrôle officiel suisse des chronomètres；Hermès；Inditex；Kering；L'Oréal；Louis Vuitton；LVMH；Michael Kors Holdings；Pandora；PVH；Ralph Lauren；Swatch Group；Titan；コーセー；資生堂；ポーラ・オルビス

新聞・雑誌（主なもの）　*Feuille officielle suisse du commerce*；*Financial*

Times；*Jewellery News Asia*；*Journal de Genève*；*Le Figaro*；*Le Monde*；*Le Nouveau Quotidien*；*Le Temps*；*Les Échos*；*New York Times*；*Reuters*；*South China Morning Post*；*The Gardian*；*The Nation*；*The New Yorker*；*The Wall Street Journal*；*Washington Post*；『日本経済新聞』

索　引

企業・ブランド名等索引

索
引

著者紹介

ピエール=イヴ・ドンゼ（Pierre-Yves Donzé）

大阪大学大学院経済学研究科教授

1973 年，スイス生まれ。

1998 年，ヌーシャテル大学（University of Neuchâtel）人文学部卒業。

2005 年，同学にて PhD in human sciences（history）.

京都大学白眉センター特定准教授ほかを経て，

2015 年，大阪大学大学院経済学研究科准教授。

2016 年より現職。

専攻 グローバル経営史

主要著作 *Histoire du Swatch Group*（Alphil-Presses universitaires suisses, 2012 年；イタリア語版 *Swatch Group Story*, EGEA, 2013年；英語版 *A Business History of the Swatch Group*, Palgrave Macmillan, 2014 年；日本語版『「機械式時計」という名のラグジュアリー戦略』世界文化社，2014 年）

Global Luxury: Organizational Change and Emerging Markets since the 1970s（共編著，Palgrave Macmillan, 2018 年）

The Oxford Handbook of Luxury Business（共編著，Oxford University Press, 2022 年） ほか多数。

ラグジュアリー産業：急成長の秘密

The Luxury Industry: Secrets of a Rapid Growth

2022 年 10 月 20 日　初版第 1 刷発行
2024 年 5 月 15 日　初版第 2 刷発行

著　者　　**ピエール=イヴ・ドンゼ**

発 行 者　　**江　草　貞　治**

発 行 所　　株式会社　**有　斐　閣**

郵便番号 101-0051
東京都千代田区神田神保町 2-17
https://www.yuhikaku.co.jp/

組版・田中あゆみ／印刷・大日本法令印刷株式会社／製本・大口製本印刷株式会社
ISBN 978-4-641-16604-2